हिन्दी-निरुक्त

हिन्दी-निरुक्त

(हिन्दी में भाषाविज्ञान की प्रथम मौलिक रचना)

आचार्य किशोरीदास वाजपेयी

वाणी प्रकाशन

प्रकाशन के उत्कृष्टतम 62 वर्ष

vaniprakashan.com

सजिल्द पहला संस्करण : 1949
सजिल्द दूसरा संस्करण : 1989
सजिल्द तीसरा संस्करण : 1998
सजिल्द चौथा संस्करण : 2007
सजिल्द पाँचवा संस्करण : 2022
सजिल्द छठा संस्करण : 2025

वाणी प्रकाशन

4695, 21-ए, दरियागंज, नयी दिल्ली-110 002

फ़ोन : + 91 11 23273167, 23275710

शाखाएँ

अशोक राजपथ, पटना-800 004, बिहार

कॉफ़ी हाउस कैम्पस, महात्मा गांधी मार्ग, प्रयागराज-211 001, उत्तर प्रदेश

महात्मा गांधी अन्तरराष्ट्रीय हिन्दी विश्वविद्यालय, वर्धा-442 001, महाराष्ट्र

sales@vaniprakashan.in
vaniprakashan@gmail.com

Hindi-Nirukta
by Aacharya Kishoridas Vajpayi

ISBN : 978-81-8143-653-5

Linguistics

मूल्य : ₹ 295

सिटी प्रेस, दिल्ली-110 095 में मुद्रित

वाणी प्रकाशन का लोगो मक़बूल फ़िदा हुसैन की कूची से

इस संस्करण की भूमिका

इस छोटी-सी पुस्तक का यह दूसरा संस्करण बहुत दिन बाद निकल रहा है। प्रथम संस्करण सन् 1949 में कलकत्ते से जनवाणी प्रकाशन ने निकाला था। इस प्रकाशन के अध्यक्ष चि. हजारीलाल शर्मा के विशेष अनुरोध पर ही यह पुस्तक लिखी गई थी और प्रकाशनार्थ दी गई थी। इसका बड़ा आदर हुआ था और महापण्डित राहुल सांकृत्यायन को आशा बँध गई थी कि अब भारतीय भाषा-विज्ञान का उदय होगा। उन्होंने एक लेख भी इस संबंध में लिखकर छपवाया था। उनकी आशा के अनुरूप काम हुआ। इस 'हिन्दी-निरुक्त' के साथ राहुल जी ने 'राष्ट्र भाषा का प्रथम व्याकरण' भी बहुत पसन्द किया था और व्याकरण तथा भाष-विज्ञान पर कुछ अधिक लिखने को प्रेरित किया। फलतः 'हिन्दी शब्दानुशासन' तथा 'भारतीय भाषा विज्ञान' का लेखन-प्रकाशन हुआ। यह काम इसलिए हो गया कि 'काशी नागरी प्रचारिणी सभा' प्रकाशन हुआ। यह काम इसलिए हो गया कि 'काशी नागरी प्रचारिणी सभा' ने व्याकरण लिख देने के लिए मुझसे प्रार्थना की और काशी के ही 'चौखम्भा संस्कृत सीरिज' के प्रकाशकों ने भाषा-विज्ञान लिख देने का आग्रह किया। दोनों जगह से मुझे पेशगी अच्छी रकमें मिलीं, जो आगे चलकर रायल्टी में धीरे-धीरे कट गईं। 'हिन्दी शब्दानुशासन' तथा 'भारतीय भाषा विज्ञान' प्रकाशित हो गए। एक पीढ़ी बीत गई।

लोग उत्सुक थे 'राष्ट्र भाषा का प्रथम संस्करण' था 'हिन्दी-निरुक्त' देखने के लिए। परन्तु इनका पुनः प्रकाशन न हो सका। इन दोनों पुस्तकों के प्रकाशक 'जनवाणी प्रकाशन' ने यह काम बन्द कर दिया। मैंने किसी अन्य प्रकाशक से कोई बात न की। लक्ष्मी जी (प्रकाशक) को सरस्वती (लेखक)

की सेवा में आना चाहिये; सरस्वती का लक्ष्मी जी के दरबार में हाजिरी देना, ठीक नहीं। यदि लेखकजन प्रकाशक का द्वार खटखटाएँगे, तो उनकी इच्छा का अनुवर्तन करेंगे, तो लोक का अनिष्ट होगा। जहाँ सरस्वती का सम्मान गिबरा कि अन्धकार फैला! यही बात मन में थी कि कभी किसी प्रकाशक से बात नहीं की। आठवें दशक के पूर्वार्द्ध में 'मिनाक्षी प्रकाशन' के व्यवस्थापक दो बार कनखल आए और कुछ देने की की प्रार्थना की। मैंने उन्हें अपनी 'अच्छी हिन्दी', 'हिन्दी शब्द मीमांसा' तथा 'राष्ट्र भाषा का प्रथम व्याकरण' प्रकाशनार्थ दे दिया। इन तीनों पुस्तकों का प्रकाशन वहाँ से हुआ; परन्तु 'राष्ट्र भाषा का प्रथम व्याकरण' का नाम बदल कर 'हिन्दी व्याकरण' के नाम से निकाला। अपने असली नाम से निकलता, तो अधिक महत्व रखता।

खैर, अब पिछले दिनों दो बार दिल्ली से 'वाणी प्रकाशन' के व्यवस्थापक चि. अशोक कुमार कनखल आए और कुछ देने को कहा। मैं कुछ नया लिख नहीं सकता। उन्हें यह 'हिन्दी-निरुक्त' प्रकाशनार्थ दे दिया। ऐतिहासिक महत्त्व की चीज है—'भारतय भाषा विज्ञान' का बीज है, इसलिए माँग थी। माहेश्वरी जी मुझे परिष्कृत विचारों के प्रकाशक जान पड़े। सो, यह छोटी-सी पुस्तक आपके हाथ आ गई है। सबके अच्छे दिन आ सकते हैं।

यह संस्करण ज्यों का त्यों निकल रहा है; न कोई संशोधन, न परिवर्तन, न परिवर्द्धन। विषय का ऐतिहासिक महत्त्व भी है।

—किशोरीदास वाजपेयी

प्रथम संस्करण की भूमिका

निरुक्त या निर्वचन-शास्त्र उस विद्या का मूल है, जो आज-कल 'भाष-विज्ञान' के नाम से प्रसिद्ध है। इस विद्य का उन्मेय, संसार में सर्वप्रथम, इसी देश में, भारतवर्ष में हुआ; पार्णिान से भी पहले! सहस्त्रों वर्ष पूर्व महर्षि यास्क ने जो निरुक्त लिखा, उसमें उन्होंने अपने से पूर्व के कितने ही सुप्रसिद्ध निरुक्तकारों के नामों का तथा उनके मतों का उल्लेख किया है! इसी से इस देश में निरुक्त-शास्त्र की प्राचीनता का अनुमान कर सकते हैं। उन निरुक्ताचार्य्यों ने निर्वचन की जो पद्धति तथा विभाग कल्पना निर्धारित कर दी थी, आज का भाषा-विज्ञान उसी पर चक्कर काट रहा है। फिर भी इस देश के अनेक आधुनिक 'आचार्य' लोगों ने यह लिखा दिया कि भाषा-विज्ञान का उदय सर्वप्रथम यूरोप में हुआ! यही बात आलोचनात्मक साहित्य के लिये भी कही और लिख गयी थी, पर जब मैंने, अब से दस-पन्द्रह वर्ष पहले 'माधुरी' में 'आलोचना का जन्म और विकास' शीर्षक लेख छपाकर उस भ्रान्त धारणा का निराकरण किया, तब लोगों ने वैसा लिखना बन्द किया!

सारांश यह कि अपनी न जानकर लोग इधर-उधर भटकते फिरते हैं। इस पुस्तक में प्राचीन निरुक्त-पद्धति का अवलम्बन करके हिन्दी-निर्वचन-शास्त्र की झलक दी गयी है। आशा है कि इससे इस विषय की आरम्भिक शिक्षा छात्रों को सुगमता से प्राप्त हो जाएगी। इसका निर्णय तो पाठक ही करेंगे कि इस प्रयास में लेखक को कहाँ तक सफलता मिली है।

–किशोरीदास वाजपेयी

कनखल
ज्येष्ठ शु. 5, 2006 वि.

अनुक्रम

पहला अध्याय

1. विषय-प्रवेश

निरुक्त शास्त्र में भाषा के विकास पर विचार किया जाता है। जीवित या प्रचलित भाषा में परिवर्तन हुआ करता है। देश, काल तथा पात्र के भेदों से शब्दों के उच्चारण में अन्तर आया करता है; क्योंकि उच्चारण-यंत्रों की भिन्नरूपता शब्दों की स्वरूप-भिन्नता मे कारण है। हम लोग जिस सिक्के को 'पैसा' कहते हैं, उसी को पंजाब में 'पैहा' कहते हैं। स्पष्ट है कि 'पैसा' से 'पैहा' भिन्न शब्द नहीं है; फिर भी भिन्न है; स्वरूप-भेद है। अंग्रेजों के देश (इंगलैंड) में जो प्रतिष्ठा-सूचक शब्द (सर) है, वह हमारे 'श्री' शब्दा ही घिसा-घिसाया रूपान्तर हो, तो क्या अचरज की बात है? वैसे 'सर' हमारे यहाँ भी बहुत पहले से है, जो पंचों में 'सरपंच' से स्पष्ट है। वही 'सर' जर्मनी में जाकर 'हर' हो गया! हमारे देश का 'सप्त ईरान में 'हप्त' हो जाता है और हमारा 'सम' वहाँ 'हम' बन जाता है। एक ही देश में, और एक ही काल में भी, एक ही भाषा के शबद में अनेकरूपता हम देख सकते हैं। संस्कृत का 'दश' हिन्दी में 'दस' बन गया और यही 'दस' फिर 'दहाई' तथा 'दहले' में अपने 'स' को 'ह' बनाये हुए है। काल-भेद से ही भाषा में इसी तरह परिवर्तन होता है। जिस शब्द को हम पहले 'पृष्ठ' बोलते थे, उसे हिन्दी में आज 'पीठ' बोलते हैं। देश, काल तथा अन्य ऐसे ही कारणों से शब्द में जो परिवर्तन होता है, अर्थ में जो विकास होता है, उसी के विचार को 'निरुक्त' कहते हैं। पात्र-भेद से जो शब्द-भेद होता है, उस पर यहाँ विचार नहीं होता। छोटा बच्चा 'सब' को 'छब' कहता है और 'रोटी' को 'लोती' कहता है; पर यह शब्द-भेद 'भाषा का

विकास' नहीं कहला सकता और इसीलिए निरुक्त में इस श्रेणी के शब्दों पर विचार नहीं किया जाता। कारण, वह उच्चारण-भेद स्थायी नहीं है। दो वर्ष बाद वही बच्चा उन्हीं शब्दों को 'सब' तथा 'रोटी' के रूप में बोलने लगता है। हाँ, यह अवश्य सोचा जा सकता है कि बच्चा 'स' को 'छ' तथा 'र' को 'ल' क्यों बोलता है। उसके उच्चारण-यंत्र में क्या कमी-कमजोरी है। सो, यह विषय निरुक्त से अलग पड़ कर अन्य विषय बनाता है। संक्षेप यह कि देश, काल या प्रयोग-भेद से शब्दों के रूप में या अर्थ में जो विकास होता है, वही निरुक्त शास्त्र का अभिधेय है।

शब्द का परिवर्तन मुख्यतः चार तरह से होता है—1—वर्ण का आगम, 2—वर्ण का विपर्य्यय या व्यत्यय, 3—वर्ण का विकार, 4—वर्ण का नाश या लोप।

अर्थ-विस्तार तो अनन्त है। उसकी श्रेणियाँ नहीं बनायी जा सकती। इसलिए, अर्थ-विकास के वैसे भेद नहीं किये गये। सो, चार तरह का शब्द-परिवर्तन और पाँचवाँ अर्थ-परिवर्तन निरुक्त शास्त्र में विचारणीय हैं इसी को पूर्वाचार्य्यों ने संक्षेप में कह दिया है—

वर्णागमो वर्णविपर्य्ययश्च,
द्वौ चाऽपरौ वर्णविकारनाशौ।
धातोस्तदर्थातिशयेन योगः;
तदुच्यते पञ्चविधं निरुक्तम्।

'धातोस्तदर्थातिशयेन योगः'—धातु का अर्थातिशय (अर्थ-विशेष) से योग। यहाँ 'धातु' का ही उल्लेख है, जो लक्षणा से हमें शब्दमात्र पर समझना चाहिए। धातु ही नहीं, संज्ञा-विशेषण आदि के अर्थों में भी अतिशय का आघात होता है। संस्कृत में तो लक्षणा की भी जरूरत नहीं; क्योंकि वहाँ तो प्रत्येक शब्द को 'धातुज' मानते हैं। यास्क यही मान कर चले हैं। तब 'धातु' कहने से शब्दमात्र का ग्रहण हो ही गया।

आगे के अध्यायों में यही विस्तार से कहा जायगा। उपक्रम में इतना समय लीजिए कि 'वर्ण' के दो भद हैं—स्वर तथा व्यंजन। कभी वर्ण का आगम हो जाता है, न जाने कहाँ से कोई अक्षर आकर कूद पड़ता है और जम जाता है। 'कर्म' की स्थिति में 'क र् म'। अर्थात् 'र्' में कोई स्वर नहीं है।

परन्तु काल-क्रम से एक 'अ' बीच में आ कूदा और 'र्' को सहारा देकर बैठ गया। 'र' आगे के 'अ' में मिलकर 'र' हो गया और 'करम' बन गया। यों स्वरागम हुआ। इसी तरह 'हर्म्य' का 'हरम' बन गया। 'य' का लोप और 'र्' के आगे 'अ' का आगम—'हरम'—राज-महल। व्यंजन का आगम सस्वर भी होता है और अकेले भी। 'बताना' से 'बतलाना' बन गया। बीच में 'ला' आ गया। इसी तरह 'कहलाना' भी है। 'कहना' की प्रेरणा 'कहाना' है। एक 'ला' और आ धमका—'कहलाना'। यही सब 'वर्णागम' है।

स्वर या व्यञ्जन वर्णों के इधर-उधर होने को, स्थान परिवर्तन को 'वर्ण-विपर्य्यय' या 'वर्ण-व्यत्यय' कहते हैं। संस्कृत में 'हिंस' से 'सिंह' बन गया। 'स' इधर और 'ह' उधर। स्वर जहाँ के तहाँ जमे रहे। 'सिंहो वर्ण-विपर्य्ययात्'। सोचने से पता चलता है कि संस्कृत के 'नख' आदि शब्द भी वर्ण-विपर्य्य से ही बने हैं; यद्यपि इधर किसी ने ध्यान नहीं दिया। 'खन्' धातु 'खोदने' अर्थ में है। जिससे खोदें, 'खनन' करें, यह 'खन'। जानवर नाखूनों से ही मिट्टी खोदते हैं। मनुष्य ने खोदना तो छोड़ दिया है, पर खुरचता तो है ही। ये 'खन' प्रकृति ने अंगुलियों के अग्र भाग में जड़ दिये हैं, जो आगे चलकर—वर्ण-व्यत्यय से—'नख' हो गये।

एक वर्ण की जगह दूसरा वर्ण आ जाय; या एक वर्ण दूसरे वर्ण के रूप में परिणत हो जाय, परिवर्तित हो जाय, तो उसे 'वर्ण-विकार' कहते हैं। 'पैसा' को 'पैहा' हो गया, तो हम कहेंगे, वर्ण-विकार हुआ। 'स' का 'ह' हो गया। 'काक' का 'काग' बन गया, तो 'वर्ण-विकार' हुआ।

वर्ण का नाश या लोप तो स्पष्ट ही है—किसी 'शब्द' से किसी अक्षर (स्वर या व्यञ्जन) का एकदम लुप्त हो जाना। संस्कृत 'स्नेह' का 'स्' उड़ गया और अवधी तथा ब्रजभाषा में 'नेह रह गया। पूर्वी हिन्दी के 'हमार' कस 'ह्' उड़ गया, बंगाल पहुँचते-पहुँचते, और 'ह्' के वियोग से तदाधार 'अ' ने लम्बी साँस खींची—'अ' से 'आ' हो गया। 'हमार' का बन गया—'आमार'। यही सब शब्द-विकास का विषय है।

अर्थ में फेर-फरार हो जाने को अर्थ-विकास कहते हैं। उदाहरण के लिए संस्कृत की 'पच्' धातु का हमारे यहाँ—(हिन्दी में)—अर्थ-विशेष में प्रयोग हुआ।

हिन्दी में कोई भी धातु व्यंजनान्त नहीं है, सब सस्वर हैं। संस्कृत की 'पच्' हमारे यहाँ 'पच' हो गयी और अर्थ भी कुछ और हो गया। जठीराग्नि द्वारा जीर्य्यमाणता में 'पचने' का प्रयोग होता है—'जो जल्दी पच जाय, सो खाओ।' साधारण आग के द्वारा पकाने के अर्थ में यहाँ शब्दान्तर चलता है—'पकाना।' 'पकाना' का कर्मकर्तृ रूप है 'पकना।' यानी हिन्दी में 'पच्' के मूलार्थ में 'पका' धातु रखी—'च' को 'क' बनाया और 'आ' अन्त में लगाया। यों 'पका' मूल धातु हुई, जिसका कर्म-कर्तृ रूप 'पक' हुआ। 'राम दाल पकाता है' और 'दाल पक रही है।' 'पकाना' प्रेरणार्थक रूप नहीं है, जैसा कि अनेक वैय्याकरण ाों ने समक्ष रखा है। 'पकाना' हिन्दी की मूल धातु, जिसकी प्रेरणा 'पकवाना' और जिसका 'कर्म-कर्तृ' रूप 'पकाना'। पर ये सब व्याकरण की बातें हैं। हमें निरुक्त शास्त्र से सम्बद्ध चर्चा करनी है।

कहने का तात्पर्य यह है कि देश-काल आदि के भेद से जैसे शब्दों के रूप में विकास होता है, उसी तरह उनके अर्थों में भी। आगे के अध्यायों में शब्द-विकास के उपर्युक्त चारों भेद और पाँचवाँ अर्थ-विकास विस्तार से समझाया जायेगा। इसलिए यहाँ इतना पर्याप्त है।

दूसरा अध्याय

2. वर्णागम

अब हम निरुक्त का विषय ब्यौरेवार रखेंगे, जिसमें पहले 'वर्णागम' को ही ले रहे हैं। आगम (आमदनी) पहले, फिर और कुछ देखा जाता है। कदाचित् इसीलिए, 'आगम' को माङ्गलिक समझ कर निरुक्तचार्यों ने इसे शीर्षस्थान दिया है। उच्चारण-सौकर्य्य, माधुर्य्य-सम्पादन आदि के लिए किसी शब्द में कोई वर्ण बाहर से आ मिलता है; यही 'वर्णागम' है। वर्णागम, वर्ण-लोप आदि पर विचार करने से पहले हम यदि एक बार वर्ण-स्थित पर विचार कर लें, तो अच्छा होगा। कारण, वर्णों की जो श्रेणियाँ, स्थान-प्रयत्न आदि के साम्य से, निर्धारित की गयी हैं, उनका विशेष महत्त्व है। सम्पूर्ण भाषा-सृष्टि में वर्ण-व्यवस्था का विशेष महत्त्व है। इस देश में ही वर्ण-व्यवस्था देखने में आती है। इतर देश में यह बात नहीं। 'अ' के बाद 'ब' आ जाना क्या अर्थ रखता है? एक स्वर और दूसरा व्यंजन! जैसे एक रथ में एक ओर घोड़ा और दूसरी ओर बड़ा गधा (खच्चर) जोत दिया गया हो; या बैल और भैंस! हमारे यहाँ ऐसा नहीं है। स्वर अलग, व्यंजन अलग। फिर स्वरों तथा व्यंजनों में भी अवान्तर स्थिति-विशेष। ये सब मिलकर भाषा का सृजन करते हैं।

3. वर्ण या अक्षर

'वर्ण' अक्षर को कहते हैं। अक्षर शब्द का वह अंश, जिसके टुकड़े न हो सकें। 'कपड़ा' एक पद है, जिसे 'हिन्दी-व्याकरणों में लोगों ने 'शब्द' कहा है। इस पद के मोटे रूप से तीन टुकड़े किये जा सकते हैं—क, प, ड़ा; सूक्ष्म दृष्टि से

विचार करने पर छह टुकड़े हो जाते हैं—'क् अ प् अ ड़् आ'। परन्तु क्, प् तथा ड़् का उच्चारण हम नहीं कर सकते, जब तक उनमें अ, आ, या इ, ई आदि कोई स्वर न लगा लें। अ, आ का उच्चारण स्वतन्त्र रूप से भी कर सकते हैं। इसीलिए ये 'स्वर' कहलाते हैं। क्, ख्, ग् आदि व्यंजन हैं, जिनके साथ साधारणतः 'अ' लगा रहता है, उच्चारणार्थ।

4. स्वरों के दो भेद

स्वरों के दो भेद हैं—(1) मूल स्वर और (2) संयुक्त स्वर। अ, इ, उ, ऋ (और संस्कृत में लृ भी) मूल स्वर हैं। ए, ओ, ऐ, औ ये चार संयुक्त स्वर हैं। 'अ' और 'इ' मिलकर 'ए' बनता है और 'अ', 'उ' मिलकर ओ। इस तरह ऐ और औ भी। परन्तु इन संयुक्त स्वरों की भी सत्ता अलग मान ली गयी, दो-दो का 'फेडरेशन' एक इकाई। तब हिन्दी में आठ स्वर हुए, चार मूल स्वर और चार संयुक्त।

5. व्यंजन भी मूल तथा संयुक्त

स्वरों की तरह वर्गीय व्यंजन (क से म तक अक्षर) भी 'मूल' और 'संयुक्त' इन दो श्रेणियों में बाँटे जा सकते हैं। वर्गों के प्रथम तथा तृतीय अक्षर 'मूल व्यंजन' हैं; कदाचित् पंचम भी। परन्तु वर्गीय द्वितीय तथा चतुर्थ अक्षर 'संयुक्त' हैं। कारण, क् के साथ ह मिलने से 'ख' है, और ग् के साथ उसे रखने से 'घ' बन जाता है। संस्कृत-व्याकरण में अनेक जगह ग् और ह को मिलाकर 'घ' तथा 'द्' और 'ह' को मिलाकर 'ध' बनने-बनाने का उल्लेख है। यदि वहाँ से (घ, ध, आदि से) ह को अलग कर लिया जाता है, तो सन्धि-विच्छेद कर दिया जाता है, तो फिर वही ग् और द् शेष रह जाता है। सो, वर्गीय अक्षरों के द्वितीय तथा चतुर्थ संयुक्त व्यंजन स्पष्ट हैं। विचार से देखा जाय, तो वर्गीय पंचमाक्षर भी 'संयुक्त' ही हैं। तभी तो वे 'द्विस्थानीय' कहलाते हैं। परन्तु द्वितीय-चतुर्थ अक्षरों की संयुक्ता तो बहुत प्रत्यक्ष है। आगे निरुक्त में यह चीज पग-पग पर सामने आयेगी; इसीलिए इतना लिखा गया।

6. अन्तःस्थ और ऊष्म

य, र, ल, व ये चार अक्षर 'अन्तःस्थ कहलाते हैं। जिन्हें (विसर्ग-लोप से) 'अन्तस्थ' भी कहते हैं। ये बीच में आते-जाते रहते हैं न! 'पठति' की प्रेरणा हुई, तो बीच में 'य' आ गया—'पाठयति'। हिन्दी में 'सोता है' का प्रेरणार्थक स्थिति—'सुलाता है'। 'ल' अन्तःस्थित है। 'मांगता है' की प्रेरणा में 'मँगवाता है'। 'व' बीच में विराजमान है। र भी बीच में कूदता है, आगे देखेंगे ही। एक बात और है इनका नाम 'अन्तःस्थ' होने के कारण। ये (य, व, र तथा ल) व्यंजन तो हैं; पर इ, उ, ऋ से (तथा संस्कृत में लृ से भी) बहुत मेल रखते हैं। इ, उ, ऋ और लृ का प्रतिनिधित्व बराबर य, व, र तथा ल किया करते हैं और इन के स्थान को वे स्वर भी लिया करते हैं। यह चीज संस्कृत में भी है और हिन्दी में भी। जाइ—जाय, होइ—होय आदि में आगे आप देखेंगे ही। सो, व्यंजन होने पर भी स्वरों से मेल इनके 'अन्तःस्थ' नाम में कारण हो सकता है।

श, स, ष और ह ये चार अक्षर 'ऊष्म' कहलाते हैं। 'ऊष्म' ये वस्तुतः हैं, बड़ी गरमाहट इनमें है। गरमा कर बड़े जोर से बोलते हैं। 'ह' तो सभी महाप्राणों का प्राण है। वर्गों के प्रथम तथा तृतीय अक्षर बेचारे अल्पप्राण हैं। बड़े कोमल, धीमी आवाज! अल्पप्राण में जोर कहाँ? जोर की आवाज कहाँ? परन्तु जब इन अल्पप्राणों को महाप्राण 'ह' का सहारा मिल जाता है, तब ये विकराल रूप धारण कर लेते हैं; जैसे गुरु गोविंदसिंह का सहारा पाकर पंजाब के वे निरीह किसान मजदूर 'सिंह बन गये थे। साधारण चिड़ियाँ बाज बन गयी थीं। तभी तो गुरु ने कहा था—चिड़ियों को बाज बनाऊँ तो गुरु गोविन्द सिंह कहाऊँ। इसी तरह 'ह' कहता है—मैं अल्प्राणों को भी महाप्राण बना देता हूँ। 'ब' और 'द' में कोई जोर है? 'दर ब-दर भटकते हैं।' कहाँ जोर है? मरी हुई आवाज। परन्तु इसी द और ब को जब 'ह' का सहारा मिल जाता है, तब इनमें महाप्राणता आ जाती है; ये गरजने लगते हैं—

नाथ भूधराकार सरीरा
आवत कुम्भकरन रन-धीरा।

'भूधराकार' से ऐसा लगता है, जैसे बवंडर आ रहा हो। इसकी जगह 'पर्वताकार' कर दिया जाता, तो क्या यह बात रहती? इसीलिए वीर-रौद्र आदि

रसों में महाप्राण वर्णों के अधिक रखने का विधान है और करुण-शृंगार आदि कोमल रसों में इनकी अधिकता दोषावह बतलायी गयी है। 'संयुक्त' मोर्चा जोर-दार हो जाता है; कठोर हो जाता है। संयुक्त अक्षर कर्ण-कटु हो जाते हैं। वर्गों के द्वितीय-चतुर्थ अक्षर 'संयुक्त ही हैं, पर वे ऐसे घुल-मिल गये हैं कि वहाँ अनेकता या संयुक्तता साधारणतः लक्षित नहीं होती।

7. 'ह' की महिमा

भाषा-विज्ञान में 'ह' अक्षर अत्यन्त महत्त्वपूर्ण है। चाहे जिस 'अल्प्राण' को यह 'महाप्राण' बना देता है। 'ऊष्म' वर्णों का यह सिरताज है। हिन्दी में श् तथा ष् प्रायः 'स्' के रूप में बदल जाते हैं और इस 'स' का स्थानप प्रायः 'ह' लिया करता है। भाषा-विज्ञान में वर्णों के जो खेल आप देखेंगे, उनमें से आधे (खेल) इस एक महाप्राण के हैं और आधे में शेष सब स्वर-व्यंजन कूदत हैं। एक 'ह' ही ऐसा अक्षर है, जिसे पाणिनि-व्याकरण की मूल चतुदर्श-सूत्री में दो जगह स्थान मिला है। वहाँ अन्तःस्थ अक्षरों के बीच में भी यह जमा बैठा है, यद्यपि अन्तःस्थ है नहीं और 'ऊष्मा' वर्णों में तो इनकी अविचलित स्थिति है ही। आगे वर्णों का आगम, विकार, विपर्य्यय, नाश आदि जो कुछ भी आप देखेंगे, इस 'ह' को सर्वत्र सत्ता सर्वोपरि पायेंगे। सब से अधिक काम 'ह्' का है, विशेषतः हिन्दी में।

बस, वर्णों के सम्बन्ध में इतना ही संक्षेप में कहना था। आवश्यक था। अब आगे 'वर्णागम' देखिये।

8. वर्णागम पर विचार

पहले कहा जा चुका है कि उच्चारण-सौकर्य्य आदि के लिए पदो या 'शब्दों में वर्णागम हुआ करता है। हिन्दी में स्वरागम अधिक देखने में आता है; व्यंजनागम कम। एक विशेष बात यह है कि स्वरागम प्रायः मध्य में होता है।

हिन्दी की पूरबी 'बोली' में 'हियाँ' और 'हुआँ' शब्द प्रचलित हैं। कुछ पश्चिम में चलकर व्यंजनाश्रय (स्वरों) का लोप हो गया और शब्द बन गये—'ह्याँ', 'ह्वाँ'। उर्दू-साहित्य में, उर्दू की शायरी में 'ह्याँ' का प्रयोग प्रायः

देखने को मिलता है, जो 'यहाँ' का पूर्व-रूप है। कभी-कभी ह् का लोप कर के 'याँ' रूप भी चलता देखा गया है। यानी उर्दू में 'यहाँ' के साथ-साथ 'ह्याँ' भी चलता है; पर पद्य में ही। वही 'ह्याँ' कुछ और पश्चिम में (मेरठी प्रदेश या कुरु-जनपद में) 'ह्याँ सी' बन जाता है और 'ह्याँ' बन जाता है–'ह्वाँ सी'। अर्थात् 'ह्याँ' तथा 'ह्वाँ' में 'सी' का आगम हो गया। परन्तु जब इस (मेरठी) 'बोली को साहित्यिक भाषा का रूप दिया गया, तो 'सी' को उड़ा दिया गया और 'यू' के अन्त में 'अ' का आगम हो गया। इसी तरह 'ह्वाँ सी' के 'सी' का लोप और 'व्' के अन्त में 'अ' का आगम। तब वर्ण-व्यत्यय से सुन्दर सुडौल शब्द बन गये–'यहाँ', 'वहाँ'।

ऐसा जान पड़ता है कि कुरु-जनपद एक-'स्वर' शब्द को पसन्द नहीं करता है। इसीलिए हिन्दी की सभी बोलियों में प्रसिद्ध शब्द 'है' को भी वह 'है गा', 'है गी', 'हैं गे' इस तरह 'गा' के आगम के साथ ग्रहण करता है। परन्तु साहित्यिक भाषा के रूप में गृहीत होते समय यह 'गा'-'गी' का झमेला फिर उड़ जाता है और वही 'है' रह जाता है।

संस्कृत में 'दोला' शब्द झूले के अर्थ में सर्व-प्रसिद्ध है। इसके सादृश्य से उस सवारी में भी हिन्दी ने इसका प्रयोग किया, जो दो आदमियों के कन्धे पर झूलती हुई चलती है। परन्त इस विशिष्ट अर्थ में प्रयोग करने से पहले कुछ रूप-परिवर्तन भी हुआ। 'द' को 'ड' हो गया, 'डोला'। और उसीका स्त्री-लिंग 'डोली' शब्द बना। फिर, एक विशेष प्रकार का झूला चला, पर्य्यङ्किका (खटोला) आदि को आरामदार बनाकर और सजाकर झूले का रूप दिया गया, जिसमें विलासीजन झूलने लगे और यही विशिष्ट झूला (वृन्दावन आदि में) श्रीकृष्ण-प्रतिमाओं को झुलाने के लिए प्रयुक्त होने लगा। 'दोला' का विकसित रूप (डोला और डोली) उस अर्थ में गृहीत हो चुका था और साधारण झूल (दोला) से इसमें अत्यधिक विशेषता थी। 'दोला या 'झूला' शब्द इस अर्थ को दे नहीं सकते थे। इसलिए हिन्दी ने एक और शब्द गढ़ा। 'डोला' के आदि में 'हि' का आगम हुआ; बन गया–'हिंडोला'। 'हिंडोला' शब्द से अब जो अर्थ निकला, वह साधारण 'झूला' या 'दोला' से नहीं निकलता। वृन्दावन के 'हिंडोला उत्सव' को बहुत दिन तक संस्कृत 'दोलोत्सव' ही कहते रहे और अब भी कहते हैं।

परन्तु किसी-किसी को कमी का अनुभव हुआ। ऐसा लगा कि 'हिंडोला' में जो बात है, वह 'दोलोत्सव' के 'दोला' में है ही नहीं। इसलिए इस प्राकृत शब्द (हिंडोला) का पुनः संस्कृतीकरण किसी-किसी ने किया और 'हिन्दी-लम्' शब्द चलाया। इस तरह 'उलटे बाँस बरेली' को जाते कुछ अटपटे लगते हैं; पर गये। यदि ऐसा कोई न माने और कसम खाकर कहे कि 'हिन्दोल' शब्द संस्कृत में पुराना है और उसी से हिन्दी में 'हिंडोला' बना है, तो भी वर्णागम तो है ही। 'दोला' शब्द के आदि में 'हि' का आगम; अनुस्वार का पर-सवर्ण (न्) और अन्त में 'आ' को ह्रस्व तथा नपुंसक लिंग। तब 'दोल' का बना 'हिन्दोल' और उस से हिन्दी का 'हिंडोला'। 'हि' का आगम स्पष्ट है। संस्कृत में 'दोला' और 'हिन्दोल' इन दो पृथक् शब्दों की सृष्टि सम्भव नहीं है। एक ही शब्द को अनेकधा विकास अधिक युक्तिसंगत है। कारण, स्वरूप तथा अर्थ की एकता स्पष्ट है; भले ही कुछ विशेषता आती जाय। अर्थ की विशेषता ही तो एक चीज है।

'रे' सम्बोधन में भी, आदि में, 'ए' का आगम देखा जाता है ब्रज-भाषा में; पर कोमलता लाने के लिए—'एरे पाप मेरे'। इसी तरह पूरबी बोली में 'रे' के पूर्व 'ओ' का आगम हो जाता है—'ओरे'। यह भी कह सकते हैं कि 'ए' तथा 'रे' और 'ओ' तथा 'रे' का सहप्रयोग हो, दो-दो सम्बोधन-शब्दों को एक साथ बोलना कोई अचरज की बात नहीं—जब कि 'बाग-बगीचा' और 'काला-स्याह' आदि एकार्थक शब्दों का सहप्रयोग है।

हमारा 'एक' पंजाब में 'इक' होकर 'ह्' का आगम कर लेता है—'हिक'। इसी तरह हमारा 'और' वहाँ 'ओर' के रूप में ह्रस्व होकर महाप्राण 'ह्' का आगम करके वैसी कर्कशता सम्पादित करता है—'होर'। कोमल बंगला भाषा के 'इक' तथा 'ओर' में 'ह्' सम्पादन-कार्य 'ह' के ही जिम्मे आ गया हो।

पद के अन्त में भी व्यंजन का आगम होता है। संस्कृत के 'मधु' शब्द में 'र' का आगम होकर हो 'मधुर' बना है। हिन्दी का 'सुथरा' शब्द भी 'र' के अन्त्यागम से ही बना है, जो आगे स्पष्ट होगा। 'वत्स' से 'वच्छ' बनाकर अन्त में 'र' का आगम हुआ और उस ('र') में हिन्दी की पुं-व्यंजक (ा) विभक्ति लगकर तथा बीच के 'च्' का लोप होकर 'बछरा' बना, जो मेरठी बोली ने 'बछड़ा' बनाकर ग्रहण किया। 'र' की अपेक्षा 'ड़' कठोर है और कठोर पंजाबी

भाषा के पड़ोस में हिन्दी की 'मेरठी बोली' है। यहाँ तो 'बहन' भी 'भैण' बन जाती है। 'न' की कोमलता यहाँ 'ण' की कठोरता में बदल जाती है; जबकि व्रज तथा अवध आदि बोलियों में 'कारण', 'रण', 'भूषण' आदि के 'ण' को 'न' में परिवर्तित करके 'कारन', 'रन तथा 'भूषन (या 'भूखन') जैसे कोमल-मधुर शब्द बना लेने की प्रवृत्ति है।

संस्कृत के 'बहु' संख्या-वाचक शब्द के अन्त में 'त' का आगम करके हिन्दी ने 'बहुत' बना लिया। मध्य में व्यंजनागम तो 'बतलाना' (बताना) आदि में प्रसिद्ध ही है।

इस तरह व्यंजन का आगम पद के आदि में, मध्य में तथा अन्त में हुआ करता है। परन्तु स्वर का आगम प्रायः मध्य में ही होता है। अन्त में स्वरागम तो संस्कृत की व्यंजनान्त धातुओं में हिन्दी ने किया ही है—पच् का पच (अर्थ-विकास के साथ) और 'पठ्' का 'पढ़' (वर्ण-विकार के साथ)। परन्तु साधारणतः संज्ञा और विशेषण आदि में हिन्दी ने मध्य में स्वरागम स्वीकार किया है। संस्कृत का कर्म (क र् म) हिन्दी में 'करम' (क र् अ म) बन जाता है और 'धर्म' बन जाता है 'धरम'। 'करम-धरम सब छूटि गे'। साहित्य में 'कर्म-धर्म' भी चलता है; प्रसंग-विशेष में 'करम-धरम' भी। इसी तरह दूसरे देश के शब्द में 'शर्म' (लज्जार्थक) हिन्दी में 'शरम' और 'नर्म' 'नरम' बन जाते हैं। संस्कृत के विलासक्रीडार्थक 'नम' तथा कल्याणार्थक 'शर्म' शब्द का हिन्दी में वैसा विकास या रूप-परिवर्तन नहीं हुआ। कारण, ये शब्द जन-प्रचलित नहीं और दूसरा कारण यह कि लज्जार्थक 'शरम' और क्लिन्नार्थक या कोमलार्थक 'नरम' शब्द जब सामने हैं, तो इसी के 'शरम' और 'नरम' शब्द अर्थान्तर में चलाकर हिन्दी ने भ्रम या सन्देह पैदा करना उचित नहीं समझा। इसलिए संस्कृत के 'शर्म' तथा 'नर्म' शब्द ज्यो के त्यों रहे।

जब किसी शब्द में र् के आगे 'य्' व्यंजन (संयुक्त होकर) एक स्वर में रहता है; तब विशेष परिवर्तन होता है। र् के आगे स्वर का आगम हो जाता है और य् का 'ज्' हो जाता है। र् और ज् का एक ही (तालु) स्थान है, अतः ये एक दूसरे का प्रतिनिधित्व करते रहते हैं; प्रायः 'य्' के स्थान पर 'ज्' हो जाया करता है। यह बात संस्कृत में भी है; और 'कार्य' का 'कारज' हो जाता है।

'कर्म' का 'काम' भी हो जाता है; यद्यपि 'करम' सामने है। 'करम' तथा 'काम' में किंचित् अर्थ-भेद स्पष्ट है। 'कर्म' का 'काम' जैसा प्रसिद्ध है, वैसा 'धर्म' का 'धाम' नहीं। सूर्य-ग्रहण के समय भंगी लोग 'धरम' करो, भई धरम करो' ही चिल्लाते हैं; 'धाम करो, भाई धाम करो' नहीं। क्यों? इसलिए कि 'धाम' शब्द हिन्दी में एक दूसरे अर्थ में प्रसिद्ध है। हाँ, 'कर्म' से निष्पन्न 'काम' के साथ-साथ 'धर्म' का 'धाम' भी आ जाता है—'कुछ काम-धाम तो है नहीं।' स्पष्ट ही यहाँ 'धाम' शब्द 'धर्म' है। 'काम' के साथ मतलब निकल गया; परन्तु केवल 'धाम' शब्द का प्रयोग इस अर्थ में नहीं होता; जिससे भ्रम-सन्देह न रहे। संस्कृत का वह कामनार्थक 'काम' शब्द साधारण जनता में प्रचलित न होगा; इसीलिए 'कर्म' का 'काम' बन गया। 'धाम' तो 'स्वर्गधाम', 'चारो धाम' आदि में प्रसिद्ध रहा ही है। इसलिए 'धर्म' का 'धाम' अकेले प्रयुक्त नहीं होता।

9. वर्णागम समझने में भूल

वर्णागम समझने में बड़े-बड़े लोग भी भूल-भुलैयों में पड़ जाते हैं। अनेक भाषा-विज्ञानी आचार्य इस भ्रम में पड़ गये हैं कि 'है' क्रिया में 'अ' का आगम होकर 'अहै' बना है। यह 'उल्टी गंगा' है। वस्तुतः 'अहै' मूल रूप है, जिसके 'आ' का लोप होकर 'है' की निष्पत्ति हुई है! यह बात आगे 'लोप-प्रकरण' में स्पष्टतर कर दी जायगी।

डॉ. बाबूराम सक्सेना जैसे हिन्दी के विद्वानों ने भी वर्णागम समझने में कहीं-कहीं बड़ी गलती की है और अपनी वह (गलत समझी हुई) बात 'भाषा-विज्ञान' में उसी तरह निरूपति करके दूसरों को समझाने की चेष्टा की है! 'बाजारू हिन्दो' का एक भ्रष्ट प्रयोग है, विशेषणों में भी 'तद्वान्' अर्थ का 'वाला' शब्द जोड़ना; जैसे—'बड़ा-वाला' 'बढ़ियावाली' 'छोटावाला' इत्यादि। अंग्रेजी राज्य में भारत के अंग्रेज अफसर हिन्दी की अवज्ञा जानबूझकर करते थे और बहुत से इसकी उपेक्षा करके कुछ समझते ही न थे! वे हो (अंग्रेजी अफसर) जाने-अनजाने किसी भी तरह वैसे ('बड़ावाला' आदि) गलत-सलत प्रयोग करने लगे; 'गाड़ीवाला', 'टाँगेवाला' आदि के वजन पर। उनकी देखा-देखी

(उनके जमूरे) 'बाबू' लोग भी साहबी छाँटते हुए उसी तरह बोलने लगे, जिनसे बैरों-चपरासियों ने और उनसे फिर बाजार के दुकानदारों ने बोलने की वैसी 'शिक्षा' ग्रहण की! इस तरह अज्ञान-विजृम्भित 'वाला का जोड़ना भाषा का स्वाभाविक विकास नहीं कहा जा सकता। यह वर्णागम नहीं, वर्ण-भ्रष्टता या वर्णसांकर्य्य है। भाषा का विकास जनता में होता है। साहब के बोलने से 'छोटावाला' शब्द शुद्ध या विकसित न हो जायेगा। जब बिहारी जैसे महाकवि के कामार्थक 'समर' शब्द को हम गलत कहते हैं; क्योंकि वह जन-गृहीत नहीं है, तब ये विदेशी और हिन्दी-द्वेषी साहब लोग तो गिनती ही में क्या हैं कि इनके 'छोटावाला' को हम साधु मानकर भाषा-विज्ञान में उसकी पुष्टि करें!

उपर्युक्त 'वाला' शब्द संस्कृत में 'मतुप्' (मत्) प्रत्यय से बना है, जिसका रूप शब्द-विशेष में 'वान्' होता है—धनवान्, बलवान् आदि। इस 'वान्' के अन्त में 'अ' का आगम करके ही 'गाड़ीवान' आदि हैं और इसी के इस 'न' को 'ल' करके और हिन्दी की पुं-व्यंजक 'आ' (ा) विभक्ति जोड़कर 'सब्जीवाला', 'कंडेबाली' आदि प्रयोग हैं। 'न' का 'ल' हो जाना बहुत प्रसिद्ध है (बिना-बिला आदि); जो वर्ण-विकार प्रकरण में बतलाया जायेगा। वह इतना प्रासंगिक हुआ।

संक्षेप यह कि भाषा में वर्णागम समझने में मोटी-मोटी गलतियाँ हो जाती हैं! कोई सूक्ष्म गलती हो, तब तो कोई बात भी है। खैर, यहाँ हम इस तरह की गलतियों का सुधार करने नहीं बैठे हैं। हमें तो निरुक्त का प्रकरण-ग्रन्थ ही छोटा-सा लिखना है, जिसके आधार पर आगे कोई बड़ी इमारत भी खड़ी की जा सकेगी; गम्भीर सिद्धान्त-ग्रन्थ भी लिखा जा सकेगा। तभी उन चिन्त्य प्रयोगों पर वैसा ध्यान दिया जा सकेगा, जो हिन्दी में भाषा-विज्ञान के ग्रन्थों में भरे पड़े हैं।

10. 'विकरण' और 'वर्णागम'

कभी-कभी प्रकृति तथा प्रत्यय के बीच में कोई वर्ण (स्वर या व्यंजन) आ जाता है, जिसे व्याकरण में 'विकरण' कहते हैं; जैसे संस्कृत में 'नत्' धातु (प्रकृति) और 'ति' (तिप्) प्रत्यय के बीच में 'य' (श्यन्) और आ गया। यह 'य' विकरण हे—'नृत् य ति'—'नृत्यति'। वस्तुतः यह 'विकरण' भी वर्णागम

ही है। हिन्दी में संज्ञा-विभक्तियाँ (ने, को, से, में पर) परे हों, तो प्रकृति और इन विभक्तियों के बीच में—

11. 'ओं (ों) 'विकरण'

आ जाता है। तब प्रकृति के स्वर में परिवर्तन होता है; पर विभक्ति ज्यों की त्यों बनी रहती है। अकारान्त था आकारान्त शब्दों के अन्त्य स्वर (अ या आ) का लोप हो जाता है और 'इ' या 'ई' अन्त में हैं, तो उन्हें 'इय्' हो जाता है। यह 'इय्' (इयङ्) संस्कृत में भी है—'श्रियौ' 'श्रियः'। परन्तु हिन्दी में सरलता है—प्रत्येक इकारान्त-ईकारान्त के अत्यन्त 'इय्'; स्त्रीलिङ्ग।

उदाहरण लीजिए 'ओं' विकरण के—

बालक ने	बालकों ने (प्रकृति के अन्त्य स्वर का लोप)
लड़के ने	लड़कों ने (उसी तरह लोप)

परन्तु आकारान्त तत्सम (पुल्लिङ्ग या स्त्री-लिङ्ग) शब्दों में अन्त्य स्वर ज्यों का त्यों बना रहता है—

पिता ने	पिताओं ने
माता ने	माताओं ने
राजा ने	राजाओं ने

इकारान्त-ईकारान्त अपने अन्त्य स्वर को 'इय्' करके 'विकरण' से जा मिलते हैं, भले ही वे स्त्रीलिङ्ग हों, चाहें पुल्लिङ्ग :

नदी को	नदियों को
कवि को	कवियों को
लड़की को	लड़कियों को
अतिथि ने	अतिथियों ने इत्यादि।

आप कहेंगे कि 'इ-ई' को 'इय्' होता है, तो (संस्कृत के अनुकरण पर) 'उ-ऊ' को 'उव्' होना चाहिए। फलतः 'बाबुओं' की जगह 'बाबुवों को' और 'गुरुओं से' तथा 'बहुओं ने' की जगह 'गुरुवों से' और 'बहुवों ने' होना चाहिए। पर ऐसा तो होता नहीं। यह क्या बात है?

साधारणतः इसका उत्तर यही दिया जा सकता है कि नहीं होता है; भाषा की प्रकृति ही ऐसी है; किसी का जोर तो है नहीं। परन्तु सोचने के कारण भी मालूम देता है कि ऐसा क्यों। क्यों 'इ-ई' को 'इय्' होता है और 'उ-ऊ' को 'उव' नहीं। सच बात तो यह है कि 'उ-ऊ' को 'उव् होता ही है। परन्तु 'उव्' के 'व्' का विकरण ('ओं') के साथ मिलने पर लोप हो जाता है। लोप का कारण स्पष्ट श्रुति का अभाव है—'बाबुवों में' व् स्पष्ट श्रुत नहीं है और इसीलिए लोप—'वाबुओ में'। इसके विपरीत 'नदियों में', 'कवियों में' इत्यादि रूपों में इय् का 'य्' स्पष्ट श्रुत है। इसीलिए सामने दिखायी दे रहा है। जिसकी कोई आवाज नहीं; वह जी नहीं सकता, किंवा जीता हुआ भी कुछ नहीं।

प्रश्न हो सकता है कि उ-ऊ को ('ओं' विकरण परे होने पर) 'उव्' होता है, इसमें फिर प्रमाण क्या? जब कि 'व्' लुप्त ही हो जाता है, तो फिर 'उव्' होने की बात कैसी?

उत्तर में निवेदन है कि 'उव्' का होना प्रकृति के रूप में स्पष्ट है—

बाबुओं को	बाबुओं ने
बहुओं से	बहुओं में

यहाँ 'बाबू' तथा 'बहू' को ह्रस्वान्त किसने कर दिया? 'बू' का 'बु' और 'हू' का 'हु' कैसे हो गया? आप कहेंगे कि दीर्घ को ह्रस्व हो गया। मान लेते हैं; परन्तु एक नया नियम बनाना क्या ठीक है? सीधी बात है कि 'इ-ई' को 'इय्' तथा 'उ-ऊ' को 'उव्' होता है, विकरण ('ओं') पर होने पर। परन्तु 'ओं' के साथ 'व्' श्रुत नहीं होता; इसलिए लुप्त हो जाता है। ऐसी स्थलों में अन्यत्र भी 'व्' का लोप देख सकते हैं; आगे स्पष्ट होगा।

तब भी प्रश्न रह ही जाता है कि 'व्' 'ओ' के साथ श्रुत क्यों नहीं होता? उत्तर है कि 'व्' और 'उ-ऊ' का स्थान एक है—'व्' का स्थान 'दन्त-ओष्ठ' और 'उ-ऊ' का स्थान ओष्ठ। 'ओ' में 'अ' भी है और 'उ' भी; अर्थात् ओष्ठस्थान 'व्' और 'ओ' का समान है। व्यंजन पराश्रित होता है और स्वर स्वतन्त्र। एकस्थानीय सशक्त में अशक्त लुप्त हो जाता है। यही कारण है कि उ, ऊ, और ओ में 'व्' की स्पष्ट श्रुति हो ही नहीं सकती। इसीलिए 'व्' लुप्त हो जाता है। इस बात को न समझ सकने के ही कारण व्याकरण के नियम बनाने में वह उतना बड़ा झमेला हुआ है।

हिन्दी बहुत सरल भाषा है। उ-ऊ के उव् होने का फिर शायद प्रसंग ही नहीं आया। बहुवचन में जहाँ ने-को आदि विभक्तियाँ नहीं होतीं, स्त्रीलिंग शब्दों के आगे 'आँ' (ाँ) विभक्ति आती है। यहाँ भी इ-ई को 'इय्' होता है—बुद्धियाँ, नदियाँ। तत्सम आकारान्त स्त्रीलिंग प्रकृति अविकृत रहती है; पर विभक्ति 'आँ' को 'एँ' हो जाता है—लताएँ, संज्ञाएँ। उ-ऊ को भी 'उव्' नहीं होता; केवल विभक्ति को 'एँ' हो जाता है—बधुएँ, बहुएँ। यानी 'बहू' के 'ऊ' का 'उ' हो गया। यह सीधा रास्ता। जब कि 'बहुओं' में 'उव्' के 'व्' का लोप हो गया, स्पष्ट श्रुति के अभाव में, तो हिन्दी ने कहा, अब 'उव्' कहीं होगा ही नहीं, जहाँ श्रुत हो सकता है 'व्', वहाँ भी न होगा; या वहाँ भी 'व्' का लोप होगा। हिन्दी सदा व्यापकता की ओर गयी है। इसीलिए 'बहुएँ' होता है, 'बहुवें' नहीं। असल बात तो यह है कि 'बहुवें' बोलने में भ्झी 'व्' का उच्चारण न सुन्दर है, न स्पष्ट है। पूर्व में बैठा 'उ' आँख जो दिखा रहा है! 'कड़वे' में जैसा स्पष्ट 'व्' है, वैसा बहुवें' में नहीं है इसीलिए नहीं है।

ओह! यह सब तो व्याकरण का विषय है! 'विकरण' एक प्रकार का वर्णागम ही है; यह कहते-कहते यहाँ आ पहुँचे। परन्तु बात काम की है। 'विकरण' पर विचार हिन्दी-व्याकरण में किया नहीं गया है! जरूरी विषय है। 'ओं' बड़ा महत्वपूर्ण 'विकरण' है। 'लड़कियाँ जाती हैं' में लड़की के आगे 'आँ' विभक्ति है, विकरण नहीं। इस विभक्ति पर भी विचार नहीं हुआ है। कोई विभक्ति परे न हो, तो आकारान्त पुल्लिङ्ग (तद्भव) संज्ञा के 'आ' को 'ए' हो जाता है—'लड़के'। यहाँ 'ए' विभक्ति नहीं है। तत्सम संज्ञाएँ 'आ' को 'ए' नहीं करतीं—'बहुत से राजा जमा हुए हैं', सब के माता-पिता अच्छा ही सोचते हैं इत्यादि।

अभी हम प्रकृति-प्रत्यय का विभाजन ही ठीक नहीं कर पाये हैं; व्याकरण की प्रौढ़ता तो आगे की चीज है। इस तरह 'वर्णागम' की चर्चा संक्षेप में की गयी। इसी को पल्लवित कर लेना चाहिए।

तीसरा अध्याय

12. वर्ण-विपर्य्यय

भाषा की इकाइयों में—पदों या शब्दों में—चलते-चलाते जो परिवर्तन होते रहते हैं, उनमें वर्ण-विपय्यर्य या वर्ण-व्यत्यय का भी एक महत्त्वपूर्ण स्थान है। वर्णों के हेर-फेर को वर्ण-विपय्यर्य या वर्ण-व्यत्यय कहते हैं—किसी वर्ण का इधर से उधर या उधर से इधर सरक बैठना। पहले कहा जा चुका है कि यह सब उच्चारण-सौकर्य्य आदि कारणों से हुआ करता है—सदा से होता आया है और होता रहेगा। इनमें से बहुत से विपर्य्यय-पूर्ण शब्दों को साहित्य ग्रहण कर लेता है; कुछ को नहीं भी लेता है। साधारण लोग 'लखनऊ' को प्रायः 'नखलऊ' बोल देते हैं, पर हिन्दी (या उर्दू) साहित्य ने 'नखलऊ' रूप स्वीकार नहीं किया। पंजाब में 'चाकू' को 'काचू' बोल देते हैं, विशेषतः सिखों में, परन्तु पंजाबी-साहित्य में 'चाकू' ही चलता है। सम्भव है, आगे कभी इन शब्दों को भी साहित्य स्वीकार कर ले, पर अभी तक तो इस के कोई चिह्न दिखायी नहीं देते।

वर्ण-विपर्य्यय में जो एक सबसे बड़ा कारण है, उसका उल्लेख हम बाद में करेंगे। पहले इस पर साधारण चर्चा आवश्यक है।

यह वर्ण-विपर्य्यय हिन्दी-संस्कृत में ही नहीं; संसार की प्रत्येक भाषा में होता रहता है। हमारे यहाँ 'आगम-निर्गम' शब्द प्रसिद्ध हैं—आना और निकलना। फारसी में निकलने के लिए तो 'रफ्त' है; पर आने के लिए उसने हमारा 'आगम' ले लिया है, कुछ वर्ण-व्यत्यय करके। अन्तिम वर्ण 'म' को उठा कर बीच में रख दिया। परन्तु 'आगम' बोलने में अटपटा लगता है; इसलिए 'ग' को 'द' कर दिया गता—'वर्ण-विकार'। शब्द बन गया—'आमद'। आप कहेंगे कि

'द' और 'ग' का स्थान तो एक है नहीं, तब एक के स्थान में दूसरा आ कैसे गया? उत्तर में निवेदन है कि संसार में धींगामस्ती भी चलती है। कभी-कभी जबर्दस्त गैर-कानूनी कब्जा कर बैठते हैं, जो बाद में 'कानून-सम्मत' बना लिया जाता है। इसी तरह एक वर्ण के स्थान पर दूसरा वर्ण भी आ धमकता है। परन्तु 'ग' को 'द' हो जाना तो वैसी बात नहीं है। इन दोनों अक्षरों का स्थान एक नहीं तो 'प्रयत्न' एक जरूर है—दोनों 'अल्पप्राण' हैं! इस अल्पप्राणता के कारण ही दोनों में मेल है और इसीलिए एक-दूसरे का प्रतिनिधित्व करते हैं। एक भारतीय कम्यूनिस्ट एक चीनी कम्यूनिस्ट से मेल रखता है। दोनों का प्रयत्न एक ही है न, संसार में किसान-मजदूर का राज्य कायम करना! सो, स्थान-भेद होने पर भी, प्रयत्न-साम्य वर्ण-मैत्री करा देता है। फारसी में ही क्यों, हिन्दी में भी, इसी लिए, 'द' के स्थान पर 'ग' को बैठते आप देखते हैं—'पद-पग'। आगे 'वर्ण-विकार' के प्रकरण में आप को इस तरह के बहुत अधिक उदाहरण मिलेंगे। सो, 'आगम' का 'आमद' हो गया—वर्ण-व्यत्यय होकर। फारसी में 'द' अक्षर बहुत जबर्दस्त जान पड़ता है। तभी तो 'ह' जैसे महाप्राण वर्ण को हटाकर उसकी जगह आ बैठता है। 'हस्त' का 'दस्त' हो जाता है! कहते हैं, फारसी बहुत मीठी भाषा है। शायद इसीलिए 'ह' की महाप्राणता या कर्कशता उसे पसन्द न हो और इसीलिए 'हस्त' को 'दस्त' बना दिया हो।

हिन्दी का 'फाटक' शब्द 'कपाट के वर्ण-व्यत्यय से जान पड़ता है। 'क' आदि से उठकर अन्त में जा बैठा और 'पा' आगे बढ़कर जोरदार (महाप्राण ा) बन बैठा—'प्' का 'फ्' हो गया। इस तरह वर्ण-विकार के सहयोग से यहाँ वर्ण-व्यत्यय ने काम किया। नव-निर्माण का। साधारण 'कपाट' से 'फाटक' के अर्थ में विशेषता है—बहुत बड़े-बड़े किवाड़ों (कपाटों) को 'फाटक' कहते हैं। यह अर्थ-गत महाकायता ही कदाचित् शब्द की महाप्राणता में कारण है। वह अर्थ सूचित करने के लिए कदाचित् 'प्' 'फ्' बन गया है।

प्रायः देखा जाता है कि जिन शब्दों में 'म' है, उन्हीं में वर्ण-विपर्य्यय अधिक होता है। 'म' की मधुरता का यह नाजायज फायदा उठा कर यह गपचड़ौथ मचती है। 'आमद' की तरह हिन्दी में साधारण जन 'अमरूद' को 'अरमूद' और 'मतलब' को 'मतबल' बोला करते हैं; परन्तु ये (अरमूद-मतबल आदि)

शब्द साहित्य में स्वीकृत नहीं हुए हैं।—प्रथा जारी है; पर उसे 'कानून' का रूप नहीं मिला है।

व्यंजन की तरह स्वर-विपर्य्यय भी हुआ करता है। 'जंघा' से 'जाँघ' बन गया। 'जा' पर अनुस्वार (ं) भी अनुनासिक (ँ) की ही आवाज देता है। दीर्घ स्वर पर अनुस्वार अपनी श्रुति देता नहीं है। स्वर-विपर्य्यय स्पष्ट है—'आ' (ा) अन्त से उठकर आदि में चला आया, 'ज्' के साथ बैठ गया, और 'ज' का छोटा 'अ' भाग कर अन्त में (घ के साथ) जा बैठा—बन गया 'जाँघ'। इसी तरह साँझ, खाठ, लाज (सन्ध्या, खट्वा, लज्जा) आदि में स्वर-विपर्य्यय है। आप देखेंगे, संस्कृत की आकारान्त स्त्रीलिङ्ग संज्ञाएँ यहाँ अकारान्त प्रायः हो गयी हैं—तद्भव संज्ञाएँ। तत्सम 'लता' आदि का 'लात' आदि न बनेगा। आप कहेंगे कि हिन्दी में एक 'लात' शब्द पहले से है; इसलिए ऐसा न हुआ होगा। पर ऐसा नहीं है। तत्सम वैसी सभी संज्ञाएँ प्रायः अपरिवर्तित ही रहती ही हैं। तभी तो दया, क्षमा, आदि शब्द ज्यों के त्यों हैं। 'प्रायः' इसलिए कि कहीं-कहीं परिवर्तन देखा भी जाता है। 'माता' तत्सम का 'मात' होता भी है—'माता-पिता'। केवल 'मात' नहीं आता; अवधी आदि में 'मातु' जरूर आता है।

यह अवश्य पूछा जा सकता है कि अपनी असली अमलदारी में—तद्भव स्त्रीलिङ्ग संज्ञाओं में—अन्त्य 'आ' का 'अ' से क्यों व्यत्यय हो जाता है? 'आ' तो स्त्रीलिङ्ग की पहचान है न? उस पहचान को उड़ा कर हिन्दी ने क्या भ्रम और सन्देह की गुंजाइश नहीं दी? यह क्या बात है?

उत्तर इसका है। हिन्दी ने दीर्घ 'आ' (ा) को पुं-व्यंजक विभक्ति के रूप में स्वीकार किया है। प्रत्येक तद्भव संज्ञा, विशेषण तथा क्रिया के कृदन्त रूप में प्रायः इस पुं-व्यंजक विभक्ति का प्रयोग होता है—बछड़ा, मीठा, गया आदि। इसी लिए स्त्रीलिङ्ग वैसे शब्दों के अन्त्य 'आ' को 'अ' में बदल दिया जाता है—जिससे भ्रम न रहे। हिन्दी की यह पुं-व्यंजक विभक्ति कहाँ से आयी, किस तरह आयी; इस की कथा 'वर्ण-विकार' के प्रकरण में सुनायी जायगी। जब हिन्दी ने 'आ' (ा) को पुं-व्यंञ्जक विभक्ति के रूप में ग्रहण किया, तब स्त्री-व्यंञ्जक विभक्ति यहाँ 'ई' (ी) स्वीकृत हुई, संस्कृत के ही आधार पर—बछड़ी, मीठी, गयी आदि। अर्थात् तद्भव आकारांत संज्ञाओं, विशेषणों तथा कृदन्त क्रियाओं

को स्त्री-लिङ्ग बनाने के लिए 'ई' (ी) प्रत्यय काम में लाया जाता है। परन्तु संस्कृत आकारान्त स्त्रीलिङ्ग संज्ञाओं को जब स्वर-व्यत्यय करके 'जाँघ' आदि बना लिया जाता है, तब उनमें यह 'ई' (ी) प्रत्यय नहीं लगाया जाता। ये सब व्याकरण की बातें हैं; प्रसङ्ग आने पर चर्चा कर दी गयी।

इसी तरह 'गङ्गा' का 'गङ्ग, होता है; पर 'गांग' या गाँग नहीं। कारण, इस तरह का उच्चारण कुछ बेढँगा-सा होता है। सो, 'जब लगि गंग जमुन जल-धारा' रहा। 'यमुना' का 'जमुन' हो गया। 'य' प्रायः 'ज' होता ही रहता है। 'जामुन' बोलने में अटपटा तो नहीं; पर एक फल को भी 'जामुन' कहते हैं, जो 'जम्बू' से निष्पन्न है। इस 'जामुन' की विद्यमानता में हिन्दी ने 'यमुना' को 'जमुन' के रूप में ग्रहण किया, 'जामुन' बनाकर गड़बड़ी नहीं पैदा की। स्वर-विपर्य्यय नहीं किया।

'पश्चिम' से 'पच्छिम' भी वर्ण-विपर्य्यय कर के बना है। 'श' तथा 'स' सदा 'छ' रूप में बदलते रहते हैं; यह बात वर्ण-विकार प्रकरण में स्पष्ट की जायगी। सो 'प छ् च् इ म' ऐसी स्थिति हुई। फिर 'छ्' उधर और 'च्' इधर। यों वर्ण-व्यत्यय से 'पच्छिम'।

13. 'ह' की विशेषता

वर्ण-व्यत्यय में 'ह' की विशेषता नजर आती है। यह महाप्राण वर्ण उसी तरह सम्पूर्ण गो-व्रज खौंदता फिरता है, जैसे कोई दुर्दम साँड़ बेरोक-टोक इधर-उधर घूमता हो! सम्भव है, यह इधर से उधर खदेड़ दिया जाता हो! कारण, यह पीछे ही भागता नजर आता है। पद या 'शब्द' के अगले भाग से उठ कर प्रायः यह पीछे या अन्तिम सिरे की ओर दौड़ता है। हिन्दी स्वभावतः मधुरप्रकृति है और 'ह' एक कर्कश महाप्राण वर्ण है, जो दूसरे (साधारण) वर्णों के साथ बैठकर उन्हें भी महा-कर्कश बना देना है। इसीलिए हिन्दी से प्रमुख रूप से नहीं रहने देती, आगे नहीं टिकने देती। इस से कर्कशता कम हो जाती है।

'ह्रद' एक संस्कृत शब्द है। एक तो प्रारम्भ में 'ह्' और फिर 'र्' से संयोग। हिन्दी न 'र्' का लोप करके पहले तो इस की कर्कशता उड़ा दी। परन्तु 'हद' तो यहाँ सीमार्थक एक और शब्द भी है, फारसी से आया हुआ।

इसीलिए 'ह्रद' के 'ह' तथा 'द' का स्थान बदल दिया गया—'दह' बन गया। 'मार्या टोल, गेंद गई दह में।' 'कालिय-ह्रद' बन गया—'काली-दह'

14. 'हता' से 'था'

वर्ण-व्यत्यय से 'हता' का 'था' और 'हती' का 'थी' बना है। 'ह्' को पीछे फेंक दिया गया और 'त्' आगे किया गया। भारी नीचे गिरा और गौरव से दूर रहने वाला 'तू' सिर-माथे लिया गया। हो गया—'तहा'। तब फिर 'त' के 'अ' का लोप—'त् हा।' 'त्' ह के साथ मिलने पर 'थ' हो ही जाता है। 'त्' के स्वर-लोप और 'त्-ह' मिलकर 'थ' बनने के और भी उदाहरण हैं—'तिहारो—थारो'। ति' के स्वर 'इ' (ि) का लोप और 'त् हा'-'था'—थारो। वर्ण-लोप की बातें आगे स्पष्ट की जायगी। यहाँ इतना समझना चाहिए कि 'हता' वर्ण-विपर्य्यय से 'था बन गया है।

'हाँ जी' आदि का 'जी हाँ' आदि होना तो स्पष्ट ही है। दोनों रूप चलते हैं। परन्तु सर्वत्र दोनों रूप चलते रहें; सो बात नहीं है। 'सिंह' के साथ 'हिंस' और 'नख' के साथ 'खन' (उसी अर्थ में) नहीं चलते हैं। ध्यान रखना चाहिए कि 'खन' में भी 'ह' अलक्षित रूप से बैठा हुआ है। उसी के साथ 'क्' बैठा है, जो उसी के साथ ही स्थानान्तरित किया गया!

'हियाँ' से 'यहाँ'। वर्ण-व्यत्यय और 'इ' को 'अ'। य् जा बैठा 'अ' के साथ और 'ह्' आ गया 'आँ' के सहारे—यहाँ। 'ह्याँसी' के 'सी' का लोप करके, वर्ण-व्यत्यय कर के और य् के अन्त में 'अ' का आगम कर के भी 'यहाँ' सम्भव है; पर इस में लोप-लाप की झंझटें अधिक हैं। इसलिए, 'हियाँ' से ही 'यहाँ' जान पड़ता है। इसी तरह 'हुवाँ' से 'वहाँ' है। 'हुवाँ' तो 'हुआँ-हुआँ' सा बोलने में भद्दा लगता है। 'वहाँ अच्छा बन गया।

जिन वर्णों के साथ 'ह्' जमा बैठा रहता है, उन (वर्गीय महाप्राण वर्णों) को भी प्रायः पीछे धकेल दिया जाता है। 'नख' ही नहीं; हिन्दी में ऐसे शतशः-सहस्त्रशः वर्ण-व्यत्यय के उदाहरण हैं। संस्कृत का 'भगिनी' शब्द यहाँ 'वहिनी' बन गया है। 'भ' का 'ह्' निकल कर बीच में 'पहुँचा और अल्पप्राण 'ग्' को धक्का देकर एकदम उड़ा दिया। आप (ह्) मजे से 'इ' (ि)

का सहारा लेकर जम गया। जब कि 'ह्' ने साथ छोड़ दिया, तो आद्य अक्षर की महाप्राणता तुरन्त अल्पप्राणता में बदल गयी–'भ्' का 'ब्' रह गया। किसी भी बड़े आदमी के सहारे जो छोटे को बड़प्पन मिलेगा, वह उसक हटते ही नष्ट भी हो जायगा। सो, इस तरह वर्ण-व्यत्यय से 'भगिनी' की 'बहिनी' बन गया। वर्ण-व्यत्यय का मतलब यही है कि किसी वर्ण का सरक कर स्थान बदल देना। फिर कभी उसके उस रिक्त स्थान पर कोई भगोड़ा वर्ण आ जमता है, कभी नहीं। 'भगिनी' का 'ग्' बिलकुल उड़ ही गया। 'ह्' के स्थान-परिवर्तन से यह वर्ण-व्यत्यय का उदाहरण।

संस्कृत का 'संघटन' शब्द हमारे यहाँ 'संगठन' बन गया है। 'स न् ध् या'। 'य्' 'आ' को वहीं छोड़ 'न्' तथा 'ध्' के बीच में आ बैठा। 'ह्' ने 'द्' को मार भगाया। वेचारा अल्पप्राण था! ज् और ह् मिलकर 'झ्' के रूप में आ गये। 'न्' अनुस्वार बन गया और हो गया–'संझा'। इसी में स्वर-व्यत्यय करके 'साँझ' है।

'गढ़ना' ठेठ हिन्दी की एक क्रिया है, जिस से 'सगुढ़' बना–अच्छी तरह गढ़ा या बनाया हुआ, सर्वाङ्ग सुन्दर। परन्तु 'सगुढ़' तो अच्छे किले को भी कहे सकते हैं न! इस लिए हिन्दी ने वर्ण-व्यत्यय कर के 'सुघड़' कर लिया। 'ह्' उधर से इधर और महाप्राणता भी उधर से इधर–'सुघड़'। इस 'ड़' को 'र' से बदल कर 'सुघर' भी बोलते हैं; पर कम।

संस्कृत का 'मिहिर' शब्द भी कदाचित 'ह्' के फेर-फार से ही बना है। सूर्य 'हिम' का 'ईरण' करता है–उसे दूर फेंकता है, नष्ट करता है; इसलिए–'हिमीर'। 'ई' को ह्रस्व कर के और 'ह्' के उलट-फेर से 'मिहिर'। हिन्दी का 'मिहाना' शब्द भी कुछ इसी तरह का है। बरसात में चने मिहा जाते हैं–हिमायमान हो जाते हैं, सूखा-पन खो देते हैं। 'हिम' से 'मिह' और फिर इस का 'नाम-धातु' रूप।

15. हिन्दी की 'ने' विभक्ति

हिन्दी की प्रमुख संज्ञा-विभक्ति 'ने' का निर्माण भी वर्ण-व्यत्यय से ही हुआ है; वह निश्चयपूर्वक कहने की स्थिति में हम हैं। संस्कृत के पुल्लिग (बालक)

आदि ‘शब्दों’ में प्रयुक्त होने वाली अनेक विभक्तियाँ प्राकृत, अपभ्रंश तथा आधुनिक (हिन्दी आदि) लोक-भाषाओं ने स्वीकृत की हैं। हिन्दी में अधिकांश क्रियाएँ कृदन्त हैं और कृदन्त कर्मवाच्य तथा भाववाच्य संस्कृत क्रियाओं के कर्ता कारक तृतीयान्त रहते हैं, जहाँ ‘बालक’ आदि के ‘वालकेन’ आदि रूप होते हैं। हिन्दी ने अपनी सब कृदन्त (कर्मवाच्य तथा भाववाच्य) क्रियाओं के लिए ‘बालकेन’ का ‘एन’ निकाल कर और अपना रंग देकर स्वीकार किया। संस्कृत के इस रूप में किंचित् वर्ण-व्यत्यय कर दिया—‘ए’ उधर और ‘न’ इधर—‘न ए’। के स्वर (अ) का लोप—‘न् ए’। न् मिला ‘ए’ में—‘ने’।

हिन्दी ने सभी तरह की संज्ञाओं और सर्वनामो के लिए, वैसी क्रियाओं में, ‘ने’ को कर्ता कारक की विभक्ति स्वीकार किया और व्यापकता बढ़ा कर बड़ी सरलता कर दी। दूसरे, सन्दिग्धता को भी जगह न दी। संस्कृत में कर्ता कारक में ही नहीं, करण कारक में तथा हेतु आदि में भी ‘एन’ है—‘रामः मुखेन भुंक्ते’, ‘जगत् अज्ञानेन सीदति’—राम मुँह से खाता है, जगत् अज्ञान से दुख पाता है। यों करण तथा हेतु आदि में ‘एन’ स्पष्ट है। हिन्दी ने यह झमेला हटा दिया। यहाँ ‘ने’ विभक्ति केवल कर्ता कारक में लगती है, और किसी भी दूसरे कारक में नहीं; कोई भी दूसरा अर्थ प्रकट करने के लिए नहीं! कितनी व्यापकता और फिर कितनी स्पष्टता! संस्कृत से चीज लेकर उसे अपना रंग दिया, ‘एन’ का ‘ने’ बनाया। फिर, उसे सब तरह की संज्ञाओं और सर्वनामों में प्रयोग किया; पर उस तरह के कर्ता कारक में ही। एकत्र विषय-विस्तार कर के सुगमता पैदा की और अपरत्र विषय-संकोच कर के (करण आदि में ‘ने’ का प्रयोग स्वीकार न कर के) सुस्पष्टता सम्पादित की, सन्दिग्धता की जड़ काट दी! यह सब वैज्ञानिक पद्धति से स्वतः हुआ, किसी ने किया नहीं। इसी लिए तो कहते हैं कि हिन्दी पूर्ण वैज्ञानिक भाषा है, विज्ञान-सिद्ध भाषा है।

इस तरह, अति संक्षेप में, परन्तु स्पष्ट रीति से, वर्ण-विपर्य्यय के विषय में कुछ चर्चा की गयी। पाठक यदि चाहेंगे, तो इसी आधार पर आगे बढ़ कर अपनी भाषा का ‘सर्वे’ कर सकेंगे और विभिन्न शब्दों की बनावट देख कर उनकी नाक, ठुड्ढी और आँखें देख कर, पता लगा सकेंगे कि यह किस पुरातन शब्द-जाति की नसल से है और इस में अब तक क्या-कुछ परिवर्तन हुए हैं।

चौथा अध्याय

16. वर्ण-विकार

एक वर्ण को दूसरे वर्ण में परिवर्तित हो जाने को 'वर्ण-विकार' कहते हैं। एक वर्ण का स्थान दूसरा ले लेता है; यह मतलब। भाषा के विकास में यह वर्ण-विकार बहुत महत्वपूर्ण अंश है। वर्णों का रूपान्तर-ग्रहण किसी के निर्देश से नहीं होता है; जनता में वह स्वतः होता रहता है। परन्तु यह एक बड़े मजे की बात है कि वह अनियन्त्रित परिवर्तन बड़े ही वैज्ञानिक ढंग से होता है; जैसे किसी के नियन्त्रण में सब हो रहा हो।

जब किसी वर्ण के स्थान को दूसरा वर्ण अधिकृत करता है, तो कोई कारण होता है। ऐसा नहीं है कि चाहे जिस वर्ण को चाहे जो वर्ण हो जाय! दोनों में कोई सम्बन्ध होता है, भले ही वह आप को न मालूम हो। यह सम्बन्ध या तो स्थान-साम्य है, या प्रयत्न-साम्य, या ऐसा ही कुछ और। स्थान-साम्य से, आप देखें, 'क' को 'ग' होता रहता है। संस्कृत में तो वर्गीय प्रथम अक्षरों को (उसी वर्ग के) तृतीय अक्षर से बदलते आप प्रति क्षण देख सकते हैं। हिन्दी में भी साग, काग, प्रगट, लोग, पलँग आदि शतशः उदाहरण सामने हैं। कितने ही ऐसे विकास हैं, जहाँ साधारणतः कुछ मालूम नहीं देता; पर ध्यान से देखने पर यह सब स्पष्ट हो जाता है। हिन्दी के 'ग्यारह' शब्द को ले लीजिए। कहाँ कुछ साफ है? परन्तु यह 'ग्' आकाश से नहीं टपक पड़ा है और 'र्' ही अकुलीन है। आप जानते हैं, 'प्रक्रिया में—समास-पद्धति आदि में—'एक' को 'इक' हो जाता है—'इकतारा', 'इकलौता', 'इकट्ठा' आदि। 'एक दस' समस्त होने पर 'इक दस'। 'दस' के 'स' को 'ह' हो गया, जो बहुत प्रसिद्ध चीज है।

साथ ही 'द' को 'र' हो गया। 'द' तथा 'र' का वैसा कोई सम्बन्ध नहीं जान पड़ता; पर दोनों का 'प्रयत्न' अल्पप्राण है। तो, दोनों अल्पप्राणी सम हुए और इस समता के कारण ही एक दूसरे के स्थान पर कभी-कभी देखे जाते हैं; जैसे कि इसी 'र ह' में। तो, अब 'इक' रह हो गया। 'क' को 'ग' और स्वर दीर्घ हो गया–'इगारह'। फिर, कहीं किसी तरह बीच में 'य्' का आगम हो गया, बीच में रहने वाला (अन्त स्थ) तो यह है ही। बन गया–'इग्यारह', जो कि अब तक कहीं-कहीं बोला जाता है। फिर आगे चल कर 'इ' का लोप हो गया और बन गया–'ग्यारह'। इस तरह एक मिनट भी समय न लगा और 'एक-दस' से 'ग्यारह' बन गया। परन्तु, वस्तुतः इस के इस रूप-परिवर्तन में सदियों का समय लगा होगा!

'शाक' में 'शा' का 'सा' हुआ और साथ ही 'क' को 'ग' हुआ–शाक-साग। 'नासिका' में मध्य (सि) का लोप और अन्त्य स्वर ह्रस्व–नाक। पर यहाँ 'क' को 'ग' नहीं हुआ। क्यों? इस लिए कि हिन्दी में एक 'नाग' शब्द पहले से है; साँप का पर्य्याय। इसी तरह 'पाक' का 'पाग' नहीं हुआ; क्योंकि 'पाग' तो हिन्दी में पहले से ही विद्यमान है–शिरोवेष्टन। इस तरह, जहाँ तक सम्भव हुआ है, हिन्दी ने भ्रम और सन्देह को अवसर नहीं दिया है।

'च' को 'ज' के रूप में वैसा नहीं, जैसा 'क' के रूप में बदलते हम देख सकते हैं। व्रज में 'च्यों' बोलते हैं और मेरठी परिसर में, उस अर्थ में 'किक्कर' बोलते हैं। दोनों के सम्मिलन में 'च्यों' के 'च्' की जगह 'क्' आ गया–'किक्कर' की छाया पड़ गयी! 'च्यों' का हो गया 'क्यों'। बहुत से लोग 'क्यों' के साथ 'कर' भी लगा देते हैं और 'क्योंकर' बोलते हैं। यह 'क्योंकर' 'च्यों तथा 'किक्कर' के मेल की कहानी कहता है, जिसमें कुछ लेने और कुछ छोड़ने की बात है। 'च' और 'क' का प्रयत्न एक है और दोनों वर्गीय प्रथम हैं।

हाँ, 'ट' को अपने वर्गीय (तृतीय) अक्षर के रूप में बदलते हम देख सकते हैं। संस्कृत 'वट' हिन्दी में 'बड़' हो गया। 'ड' को ही 'ड़' बोलते हैं और 'ड' या 'ड़' का 'र' से बड़ा मेल है। प्रयत्न तो एक है ही, उच्चारण में भी बहुत समता है। इसीलिए संस्कृत में 'ड', 'ल' तथा 'र' की एकरूपता यमक आदि अलङ्कार में स्वीकार की गयी है और 'अलबत्ता जड़ता न हो' शब्दालङ्कार माना है।

हिन्दी में 'लड़का' 'लरिका' आदि सहस्त्रशः प्रयोग हैं ही। सो, 'बड़' को 'बरगद' भी कहते हैं। 'बड़' के छोटे-छोटे फल आपने देखें ही होंगे। उड़द की दाल पीस कर उतनी ही उतनी बड़ी गोली-सी बना कर लोग सुखा लेते हैं और मसालेदार बना कर रोटी के साथ खाते रहते हैं। 'बड़' के वे फल 'बड़ी' नाम से अभिहित हुए और उन के ही बराबर की बनी हुई ये उड़द-पिट्ठी की गोलियाँ भी 'बड़ी' कही जाने लगीं—परिमाण-साम्य से। इसी दाल-पिट्ठी की कुछ बड़ी चीज भी बनायी गयी, जो तेल में तल कर और प्रायः दही में लपेट कर खायी जाती हैं। उस 'बड़ी' से इस चीज का आकार कुछ बड़ा हुआ, तो 'बड़ी' का 'बड़ा' हो गया। 'ड़्' को 'र्' हो गया, उच्चारण-साम्य से; और कदाचित् इसलिए भी कि 'बड़ी' और 'बड़े' को खाने का कर्म बनाना अखरा होगा। तो 'बड़ी' का 'बरी' और 'बड़ा' का 'बरा' हो गया। यह न समझना चाहिए कि पहले 'वरी' और 'वरा' हो गया। यह न समझना चाहिए कि पहले 'वरी' और 'वरा' बना; फिर 'बड़ी-बड़ा' हो गया! 'ट' के समोपतर 'ड' है। फिर 'ड' और 'र' का मेल है; 'ट-र' का नहीं। खैर, इस तरह 'ट' को 'ड' हुआ करता है और 'ड' को 'ड़' फिर 'र'। 'पत्-पट्-पड़' क्रिया—'गिरना-पड़ना'। 'त' संस्कृत में 'द' के रूप में आता रहता है। फारसी में भी यही बात देखी जाती है। संस्कृत का 'शत' (सौ) फारसी में 'सद' हो जाता है और और 'शती' का 'सदी' रूप सामने है। 'श' का 'स' हो ही जाता है। हिन्दी में 'त' बहुत कम 'द' रूप में आता है। संस्कृत में 'त' को 'च' भी होता रहता है और हिन्दी में भी यह प्रवृत्ति है। यहाँ 'त्' को 'क्' का रूप मिला है, जो संस्कृत से भिन्न मार्ग है। 'सतम्भ' के 'त्' को 'क्' हो गया और 'स्' को 'ह्'। स्थिति हुई—'ह् क् अ म्भ'। हिन्दी 'ह्' को आगे से प्रायः पीछे धकेलती रहती है और वही यहाँ हुआ। 'ह्' उठकर 'क्' के बाद जा बैठा, 'अ' से पहले—'क् ह् अ म्भ'। क् और ह् मिल कर 'ख्' और फिर अगले स्वर से मेल। 'खम्भ' हुआ, जिसमें हिन्दी की पु-व्यञ्जक विभक्ति 'आ' आ लगी। सवण-दीर्घ और 'खम्भा'—'स्तम्भ' से 'खम्भ'।

हिन्दी में 'त्' कभी-कभी 'ल्' होना बहुत प्रसिद्ध चीज है। संस्कृत का 'पीत' वर्ण-वाचक विशेषण 'पीला' बन गया। त् का ल् और अन्त में वही पु-व्यञ्जक विभक्ति 'आ'। दोनों मिल कर एक दीर्घ 'आ'—पीत-पीला।

परन्तु 'श्वेत' का 'सेत' होकर फिर 'त्' को 'ल् नहीं हुआ; क्योंकि 'सेल' हिन्दी में एक प्रसिद्ध शस्त्र-वाचक शब्द है। न 'क्षेत्र' का 'खेत' होकर फिर 'खेल' बता।

पंजाबी में त् को वर्गीय तृतीय अक्षर (द्) में बदलने की प्रवृत्ति है—करता-करँदा, पीता-पींदा, खाता-खाँदा। कह सकते हैं कि 'द्' को ही 'त्' हुआ क्यों न समझा जाय? यह क्यों न माना जाय कि पंजाबी 'करँदा', 'पींदा' आदि का ही हिन्दी में 'करता', 'पीता' आदि हो गया है? संस्कृत में भी तो 'द्' का 'त्' होना प्रसिद्ध है न?

इसका उत्तर यह है कि क्रम-विकास में मनमानी तो चलेगी नहीं। हमें देखना होगा कि 'करता' और 'करँदा' में प्राचीनतर प्रयोग कौन सा है। स्पष्ट ही करता, पीता, खाता आदि कृदन्त क्रियाएँ संस्कृत के 'क्त' ('त') प्रत्यय पर हैं, जो वहाँ वर्तमान-सामीप्य में होता है। 'द्' कोई क्रिया-विभक्ति या प्रत्यय वैसा है ही नहीं। इस विषय को व्रजभाषा-व्याकरण के क्रिया-प्रकरण में हम ने बहुत विस्तार के साथ समझाया है। सो, मूल रूप 'करता' आदि ही हैं, जिन के रूप पंजाब में 'करँदा' आदि हो गये हैं; और आगे 'करना' आदि भी।

'पंजाबी में 'त्' का 'न्' होना भी देखा जाता है। संस्कृत में भी 'त्' तथा 'द्' का 'न्' के रूप में बदलते रहना साधारण बात है। 'इतना, उतना कितना' पंजाब में 'इन्ना, उन्ना, किन्ना' बन जाते हैं और स्त्री-लिंग में—इन्नो, उन्नी, किन्नी। 'त' के 'अ' का लोप और उस (त्) को 'न्'।

संस्कृत में टवर्ग के मेल में तवर्ग को भी हवर्ग हो जाता है; पर हिन्दी या पंजाबी में ऐसा नहीं है। 'ड्' को वैसे स्थल में 'ण्' होने के बदले 'न्' ही होता है; जैसे—'मुन्नी'। 'मुन्नी' शब्द पहले पंजाब में चलाः बाद में 'मुन्ना' बना-चला; फिर ये दोनों शब्द चलते-चलते हमारे युक्त प्रान्त, मध्य प्रान्त और बिहार पहुँचे; किबहुना, आज 'मुन्नी-मुन्ना' सम्पूर्ण भारत में कूदते फिरते हैं। आप कहेंगे कि इसमें प्रमाण क्या है कि ये शब्द पंजाब से चले? और चर्चा भी 'डू' की चल रही है; ध्यान रहे। ठीक है। प्रमाण दिये जायगे। चर्चा भी 'ड्' ही है। वैसे चर्चा तो 'त्' की थी; पर 'त्' को 'न्' होने की बात आ गयी, जिस से 'ड्' के 'न्' होने की याद आ गयी—मुन्नी-मुन्ना सामने आ गये।

सो, 'मुन्नी' की उत्पत्ति सुनिए। स्त्रियाँ प्रायः सभी देशों में सिर पर सुन्दर केश रखती हैं। परन्तु छोटे बच्चों के केश कुछ दिन तक कटाते रहते हैं और प्रायः सात-आठ वर्ष की अवस्था से लड़कियों के केश रखने की चाल है। तो, छोटी बच्चियों को खिलाते समय प्यार में लोग 'मुन्नी-मुन्ना' कहने लगे; कोई-कोई 'सिर-मुन्नी' भी। मुन्नी—'मुंडी'। जिस के सिर पर केश न हों, जो सिख न हो, उसे (सिख लोग) 'मुन्ना' कहते हैं, जो कहीं-कहीं 'मौना' भी बन गया है। सो, 'मुंडी' की कठोरता 'ड' में है, जिसे 'न्' के रूप में बदल दिया गया। तब अनुस्वार भी 'न्' बन गया—'मुन्नी'। 'मुन्नी के अनुकरण पर 'मुन्ना की सृष्टि हुई—स्त्रीलिंग से पुल्लिंग। प्रसंग प्राप्त बात यह कि 'ड्' को न् का प्रतिनिधि। उस मीठे वर्ण ने पड़ोस में भी मिठास पैदा कर दी—'ड्' को 'न्' बना दिया।

प् का व् बन जाना संस्कृत में प्रसिद्ध और फारसी भी इसका आभास है। हमारा 'अप्' फारसी में 'आव' हो गया है। आद्य स्वर दीर्घ और प् को ब्। हिन्दी की तरह फारसी में भी संस्कृत से आये हुए व्यंजनान्त शब्द स्वरान्त हो जाते हैं। परन्तु हिन्दी में 'प्' को 'ब्' होते वैसा नहीं देखा जाता। काग, साग आदि की तरह जप को 'जब' नहीं होता। आप कहेंगे कि हिन्दी में 'जब' शब्द अन्यार्थक मौजूद है; इसलिए वैसा न हुआ होगा। ठीक; परन्तु 'साँप' का 'साँब' भी तो नहीं होता! 'पाप' का 'पाव' भी नहीं! और कोई प्रयोग भी वसा सामने नहीं है; अनन्त भाषा-प्रवाह में कहीं कुछ वैसा मिल भी जाय, तो अचरज नहीं। परन्तु प्रवृत्ति वैसी नहीं है।

इस प्रकरण में एक बात छूटी जाती है। ऊपर हम ने कहा कि 'क' को हिन्दी में 'ग' होते देखा जाता है। परन्तु यह चीज उन्हीं शब्दों के सम्बन्ध में समझिए, जो संस्कृत से यहाँ आये हैं। संस्कृतोद्भूत (तद्भव) शब्दों में ही 'क' को 'ग' का रूप प्रायः मिलता है। परन्तु फारसी आदि विदेशी भाषाओं से आये हुए शब्दों क 'क' को 'ग' नहीं; बल्कि 'ख' होते देखा जाता है—सन्दूक-सन्दूख, बन्दूक-बन्दूक, खाक-खाख आदि। मानो, हिन्दी ने जान-बूझ कर संस्कृत में तथा विदेशी भाषाओं में अन्तर रखा है। विदेशी भाषाओं से आये हुए शब्दों में प्रथम अक्षर (क) को द्वितीय अक्षर (ख) होता है और संस्कृत से आये हुए वैसे शब्दों में प्रथम को तृतीय।

ख, छ, ठ, थ और फ का हिन्दी में रूपान्तरण ग्रहण करते नहीं देखा जाता है। आप कहेंगे कि वाह! मुख-मुह, नख-नहँ आदि प्रयोग प्रत्यक्ष है; पर आप कहते हैं कि कुछ होता ही नहीं। उत्तर में निवेदन है कि 'वर्ण-विकार' नहीं होता है; एक वर्ण दूसरे वर्ण के रूप में नहीं बदल जाता है; बस इतना ही हम ने कहा है। 'कुछ' क्यों नहीं होता। 'कुछ' में तो 'वर्ण-लोप' आदि भी है। सो, यह वर्ण-लोप के प्रकरण में स्पष्ट किया जायगा कि 'मुँह-नहँ' आदि में वर्ण-विकार' नहीं, वर्ण-लोप है। 'ख' में ह् भी बैठा हुआ है महाप्राण। क् घिस-घिसा कर नष्ट हो गया और 'ह' रह गया; जैसे किसी पटरे आदि पर लोहे की चादर चढ़ा दी जाय और कालान्तर में लकड़ी सड़-गल कर वह चादर भर रह जाय; काम भी वैसा ही देती रहे। तो, यही तो कहें कि लकड़ी उड़ गयी, लोहे की चादर रह गयी? गेहूँ और चने मिला कर 'गोचनी' के गेहूँ बन गये। इसी तरह 'मुख', 'नख' आदि में 'ख' के 'क्' का लोप हो गया और मधुर 'म'-'न' के साहचर्य्य से वह (ह्) सानुनासिक भी हो गया। रूप बन गये—मुहँ, नहँ। 'नहँ' 'नख' की अपेक्षा कितना कोमल और मधुर शब्द बन गया? तभी तो 'नहँ' 'नख' की अपेक्षा कितना कोमल और मधुर शब्द बन गया? तभी तो 'नहँ दी छनक मेहँदी सूखने देहु' जैसे शृङ्गारात्मक स्थलों में प्रयुक्त होता है। 'टूटे नखरद केहरी' जैसे स्थलों में 'नहँ' का प्रयोग न होगा। शेर के झुंझुनियाँ नहीं बाँधी जातीं। वह तो पालतू मृग-छौने आदि का शृङ्गार है। सो, ये सब साहित्यशास्त्र की बातें हैं कि कैसे शब्दों का प्रयोग कहाँ होना चाहिए। यहाँ अधिक चर्चा की गुंजाइश नहीं। हाँ, यह तो समझ ही गये होंगे कि 'नख' की अपेक्षा 'नहँ' मधुर क्यों हो गया है! स्पष्ट है कि 'ह' अक्षर ऐसा महाप्राण है, जो साधारण 'क', 'ग' आदि को 'ख', 'घ' जैसा कठोर बना देता है। वह ह् तो 'मुहँ' तथा 'नहँ' में डटा हो हुआ है। फिर कोमलता आने का कारण क्या है? कारण है उसका सानुनासिक हो जाना। अनुनासिक ने मिठास पैदा कर दिया है। और, यद्यपि 'ह्' अल्पप्राणों को महाप्राण बना देता है; और मन में मिल कर यह अधिक कर्कश हो जाता है। कोई जबर्दस्त जब किसी निर्बल को भी अपने साथ कर लेता है, तो उसकी शक्ति और आवाज बढ़ जाती है। भले ही अल्प्राण, हो, साथी के न रहने से

महाप्राण 'ह्' भी कुछ क्षीण हो जाता है। घ, ढ, ध, भ में कैसी आवाज है? जैसे गोले गड़गड़ा रहे हों। 'ह' में वह बात कहाँ है? हाँ, उन चतुर्थाक्षरों में 'ह्' निकाल लो, तो वेचारे ग, ड, द, व के रूप में रह जायँगे। जैसे चेयर-मैनी की कुर्सी छिन गयी हो!

खैर, यह सब लोप-प्रकरण में समझाया जायगा। यहाँ इतना समझना चाहिए कि हिन्दी में वर्गीय द्वितीय तथा चतुर्थ अक्षरों में वर्ण-विकार प्राय नहीं देखा जाता है। 'प्रायः' इसलिए कि स्तान, पढ़, उठ आदि प्रयोग सामने हैं, जिन में वर्ण-विकार स्पष्ट है।

हमारा 'स्थान' फारसी में 'स्तान' या 'स्ताँ' बन जाता है; अर्थात् 'थ्' को 'त्' हो जाता है। संस्कृत का 'पठ' हमारे यहाँ 'पढ़' बन जाता है। पूर्वत्र दोनों एक वर्ग के समस्थानीय हैं—थ् और त्। अपरत्र दोनों भिन्न स्थान वाले वर्ण हैं 'ठ्' और 'ढ'; परन्तु दोनों महाप्राण हैं। ठ् भिन्न स्थान वाले वर्ण हैं 'ठ्' और 'ढ्' और अन्त में 'अ' का आगम हिन्दी में कोई भी धातु व्यंजनान्त रहती ही नहीं; सब स्वरान्त! इसी तरह 'उत्थान' से 'उट्ठान'बना, जिस की झनक कहीं-कहीं अब तक 'उट्ट' में मिलती है। फिर 'ट्' का लोप—'उठना'; और 'ना' प्रत्यय अलग करने पर 'उठ' धातु—'उठता है' आदि।

'छ' के सम्बन्ध में विशेष बात यह है कि हिन्दी में यह अक्षर 'स' का स्थान लेता है—पष्ठः—छठा। प् का 'स्' और फिर उसे 'छ्'। परन्तु फारसी में इस से उलटा मार्ग है, 'स' ही 'छू' का स्थान ले लेता है। हमारी 'छाया' की ही छाया 'साया' है। उर्दूबोले भी 'साया' ही पसन्द करते हैं, छाया नहीं।

'ध्' को हिन्दी में 'थ्' के रूप में बदलते देखा है। हमें तो ऐसा लगता है कि संस्कृत में भी कभी-कभी ध् की जगह थ् ने ली है। अवश्य ही 'मधुरा' ने 'मथुरा' का रूप धारण किया होगा। 'मधुपुरी' नाम से भी 'मधुरा' की झलक मिलती है। संस्कृत के आचार्य तो सभी शब्दों को व्युत्पन्न मानते हैं न? तब 'मधुरा' की ही पुष्टि होती है। 'मथुरा' का तो कोई मतलब ही नहीं निकलता! जब आर्य उधर दक्षिण में पहुंचे, तब भी अपनी चिरपरिचित नगरी को भूल नहीं गये और इसी नाम को वहाँ एक और नगरी को भूल नहीं गये 'थ्' या 'ध्' का 'द्' के रूप में परिणमन न हो गया।

हिन्दी में 'बिथुरी अलकैं' अझैर 'बिथुरे केश' आप ने देखे हैं। मतलब 'छिटकी हुई अलकें', 'छिटके हुए केश'। 'बिखरे' भी 'बिथुरे' का ही अपर रूप है—थ् को ख्। एक महाप्राण की जगह दूसरा महाप्राण। 'बिथुरे' का प्रयोग कोमलता और स्निग्धता लिए हुए है और 'बिखरे' में रूखापन है। 'केश बिखरे' तभी कहेंगे, जब वैसी स्थिति हो। इसी अर्थ-भेद से शब्द-भेद हुआ होगा।

परन्तु 'बिथुरा' कहाँ से आया, जिसका बहुवचन वह 'विथुरे' है और स्त्री-लिङ्ग 'विथुरी'?

संस्कृत का एक शब्द है 'विधुर'। 'विधुर' का अर्थ है वियोगी; स्वजन-वियुक्त। इसी का आगे रूप-विकास 'बिथुरा' के रूप में हुआ, जिसका अर्थ 'अलग-अलग', 'छिटके हुए' इत्यादि हुआ। ध् का थ् और अन्त में हिन्दी में पुं-विभक्ति—'आ' (ा)। सवर्ण-दीर्घ और 'बिथुरा'। 'बिथुरा' का प्रयोग हिन्दी में प्रायः बहुवचन में ही होता है—बिथुरे। सो भी, केशों के ही लिए। अन्यत्र 'थ्' को 'ख्' हो जाता है। नाज पूरब में 'थिरकता है', अन्यत्र 'बिखरता है'। अर्थात् केशों से अतिरिक्त कहीं 'विथरना' चलता है; पर 'बिथुरे गेहूँ' न होगा।

इसी तरह 'सुथरा' भी है—साफ-सुथरा। शुद्ध-साफ, साफ-सुथरा। 'शुद्ध' के 'श्' को स् और द् का लोप—'सुध।' 'ध्' को थ् और अन्त में 'र' का आगम, जैसे 'मधु' से 'मधुर' संस्कृत में। फिर अन्त में वही पुं-विभक्ति—'आ'। बन गया 'सुथरा'। अन्यत्र 'शुद्ध' से 'सुध' बना; तब 'थ्' हुए बिना भी 'र' का आगम और 'आ' विभक्ति—'सुधरा'। 'सुधरा' और 'सुयरा' में अन्तर है, अर्थ में विशेषता है; इसीलिए द्विधा विकास। साहित्य में 'शुद्ध' भी चलता ही है, अपने शुद्ध अर्थ में। शुद्ध, सुधरा, सुथरा; यों त्रिरूप हुआ—दूध, दही, रबड़ी।

यही नहीं; 'शुद्ध' का एक और रूप भी है—'सूध'—'बड़ा सूध मनई है'। जब हिन्दी में 'सादा' आया, तब मेरठी ने भी 'सूध' ले लिया, अपनी वही 'आ' विभक्ति लगाकर—'सूधा'। पर 'सादा' के साथ उसे 'सीधा' कर लिया—'सीधा-सादा'। 'आ' के समीपतर 'ई' है—कण्ठ से तालु। 'ऊ' तो परले सिरे पर है—'कण्ठ से ओष्ठ की दूरी'!

'द' को 'ब' होते भी देखा गया है; हिन्दी में। दोनों अपने-अपने वर्ण के तृतीय हैं, अल्पप्राण। हिन्दी के जब, तब और कब में यह वर्ण-विकार स्पष्ट है।

संस्कृत के यदा, तदा और कदा के रूपान्तर है; जिन्हें दिल्ली के उत्तरी परिसर में जद, तद और कद के रूप में अब भी बोलते हैं। 'य' का 'ज' होना तो अति-प्रसिद्ध है। ये ही जद, तद और कद इधर आ कर जब, तब और कब बन गये। इनके ही वजन पर 'अब' की सृष्टि हुई; जैसे 'मीठा' के वजन पर 'सीठा'।

'त्' को य् के रूप में भी बदलते देखा है—'कृत-किय'; अन्त में 'आ' पुं-विभक्ति, 'किया'। 'घृत-घिय'। 'य' को फिर 'इ' और सवर्ण-दीर्घ—'घी'।

पद के अन्त्य 'म' को कभी-कभी अनुनासिक 'वँ' हो जाता है ग्राम—गाँव, नाम—नावँ। 'ग्राम' के 'र' का लोप भी। कभी-कभी अन्त्य 'द' को भी सानुनासिक 'वँ' होते देखा गया है—'पाद-पाँव'।

'न्' को फारसी में 'ल्' होते देखा गया है—'बिना—बिला'। यह 'बिला' उर्दू में भी चलता है।

य् को ज् होना तो आप सर्वत्र देख सकते हैं। 'बाजा' में य् की ही सत्ता 'ज्' के रूप में है। 'वाद्य' से 'वाजा' है। व को व; द् का लोप और य् को ज्। अन्त में पुं-विभक्ति और दीर्घ-एकादेश—'वाजा'। 'अद्य' को 'आज' बना, आद्य स्वर दीर्घ होकर—परन्तु 'पद्य' का 'पाज' नहीं बना! क्यों नहीं बना, यह प्रश्न सम्भव है। 'आज' और 'कल' के बिना साधारण जनता का काम चल नहीं सकता। परन्तु अपढ लोग 'पद्य' क्या जानें? शब्द-विकास साधारण जनता में होता है। पढ़े-लिखे लोग तो ज्यों का त्यों उच्चारण किया करते हैं। सो, 'पद्य' जैसे का तैसा बना रहा, 'गद्य' भी। 'गद्य' तो वैसे भी 'गाज' न बनेगा। किसी को मारना थोड़े ही है! एक बात पूछी जा सकती है। 'अद्य' का 'आजा' क्यों नहीं हुआ; 'वाजा' की तरह? उत्तर है : 'आजा' हिन्दी में 'पितामह' को भी कहते हैं; इसलिए भेद रखा। दूसरी बात, वैसी (तद्भव) संज्ञाओं तथा विशेषणों में ही पुं-व्यंजक विभक्ति लगती है। 'आज' तो काल-वाचक अव्यय है—अब, की तरह।

'सेज' में भी 'ज्' 'य्' का ही बना है—शय्या-सेज। क्या-क्या परिवर्तन हुए; समझ लीजिए।

'र' हमारे यहाँ तो 'ल' या 'ड' के रूप में बदला करता है; पर उर्दू वाले 'र' को भी कर देते हैं—अल्पप्राण को महाप्राण बना देतेह हैं—'सरल'। 'रज्जू' का व्रज में 'लेजू' रूप हो गया है—पानी भरने की रस्सी।

17. हिन्दी की 'का' विभक्ति

हमारी हिन्दी की यह 'का' विभक्ति कहाँ से, कैसे आयी, जिस का उपयोग सम्बन्ध-प्रकटन आदि में होता है—रास का घर, राम के खेल, राम की क्रीड़ा। पंजाबी में—राम दा घर, राम दे खेल, राम दी क्रीड़ा। तो, क्या 'का' और 'दा' में कोई सम्बन्ध है? अन्यथा, इन की यह समान रूप-निष्पत्ति कैसे? का, के, की और दा, दे, दी! हेतुरत्र भविष्यति'।

सोचने से कुछ पता तो चलता है।

ऐसा जान पड़ता है कि हिन्दी की 'का' विभक्ति पंजाबी की 'दा' विभक्ति का ही रूपान्तर है—क् को द् वर्ण-विकार। आप कहेंगे कि 'का' से ही 'दा' बन जाय, तो? क्या यह सम्भव नहीं कि हिन्दी की 'का' विभक्ति ही पंजाबी की 'दा' बन गयी हो? क और द अल्पप्राण हैं। क को भी 'द' हो सकता है। परन्तु यह भी तो बताना होगा कि हिन्दी की इस 'का' विभक्ति का मूल कहाँ है? यह आयी कहाँ से? तब तो आगे कहा जा सकेगा कि इस से 'दा' का विकास हुआ। मैं समझता हूँ, इस जिज्ञासा का समाधान सरल काम नहीं है। इसे स्पष्ट करना होगा; जिससे पता चलेगा कि 'दा' विभक्ति बनी; फिर वर्ण-विकार के द्वारा वह 'का' के रूप में आयी।

हिन्दी में एक अलक्षित 'र' विभक्ति है, जिसमें हिन्दी की पुंविभक्ति (ा) लग कर 'तुम्हारा', 'हमारा' रूप बनते हैं। बंगाल में तो सभी तरह की संज्ञाओं में और सर्वनामों में इस का अव्याहत प्रयोग होता है—'सीतार वन-वास', 'रामेर कथा', 'आमार निवेदन' आदि। हिन्दी में यह केवल कुछ सर्वनामों में रह गयी है; अन्यत्र 'का' का साम्राज्य है। परन्तु 'का' ने इसी 'र' के विषय पर अधिकार किया है; इसे एक कोने में जगह देकर। मजे की बात यह है कि 'का' विभक्ति इसी 'र' की सन्तान-परम्परा में है! मानो ओरंगजेब का अवतार यह काइयाँ 'का' है, जिस ने अपने बाप को जेल के कोने में कैद करके स्वयं बहुत बड़े साम्राज्य का आधिपत्य प्राप्त किया था!

हाँ, तो इस 'र' विभक्ति से युक्त 'तिहारी' का रूप 'थारो' मारवाड़ में हो जाता है; यह कहा गया। यही 'थारो' वहाँ आकर 'थारा' हो जाता है, जहाँ 'तुम्हारा' चलता है। यही पंजाब का भी एक सिरा आ कर मिलता है। नारनौल' भटिंडा, अबोहर, सेंगरिया आद ऐसे क्षेत्र में हैं। यह 'थारा' आगे चलकर, पंजाबी-क्षेत्र के बढ़ते प्रभाव में, हो गया—'थ्वाडा'। 'म्हारा' वन गया 'साडा। 'म्' का लोप और 'ह्' को 'स्'। 'स्' और ह् का बहुत मेल है। 'स्' तो सदा ही 'ह्' बना करता है; पर कहीं ह् का 'स्' भी हो सकता है, होता है। विसर्गों का और हू का स्थान एक ही है—कंठ। उच्चारण भी प्रायः समान ही है। इसीलिए, संस्कृत में विसर्गों के स्थान पर प्रायः 'स्' हो जाया करता है। सो, 'म्यारा' का 'साडज्ञ' बन जाना कोई बड़ी बात नहीं है। र् और ड् का तो इतना मेल है और एक दूसरे का प्रतिनिधित्व इतना अधिक करते हैं कि उदाहरण देना व्यर्थ है। पंजाब की कड़कदार भाषा 'र' की कोमलता को पसन्द नहीं करती। उसने 'र' की जगह 'ड' कर लिया। कड़कदार शब्द बन गये—'थ्वाडा', 'साडा' (तुम्हारा, हमारा)। पंजाबी भाषा ने इस 'डा' का प्रयोग कहीं नरम भी कर दिया—राम दा घर, गोपाल दे मकान, माधव दी हट्टी। बंगाल ने सर्वत्र 'र' रखा; पंजाब ने उसे 'डा' तथा 'दा' के रूप में ग्रहण किया। मतलब उसी 'र' से है, जो 'द' तथा 'ड' बना। हिन्दी का वह पुं-विभक्ति (ा) पंजाबी में भी है। तभी तो 'थ्वाडा', 'साडा' रूप बने। 'ड' का 'द' रूप हिन्दी में 'क' बनकर वहाँ प्रयुक्त हुआ, जहाँ पश्चिमी युक्तप्रान्त और पूरबी पंजाब का मेल होता है। असल में यह 'क' विभक्ति ही समझिए, जिसमें अविच्छिन्न रूप से हिन्दी की पुं-विभक्ति (ा) लग कर 'का' का रूप दे दिया है। ब्रजभाषा में यह पु-व्यंजक विभक्ति 'ओ' (ो) के रूप में है—'राम को'। पुं-व्यंजक विभक्ति 'आ' और 'ओ' हिन्दी में किस तरह कहाँ से आयी; यह बात अभी आगे बतायेंगे। पहले र, ड, द, क से निपट लें। सो, निपट चुके। हम ने अपना मत रख दिया। हिन्दी में यदि कभी कोई इस मत के विरुद्ध कुछ कहेगा, तो उस पर अच्छी तरह विचार किया जायगा। अब प्रसंग-प्राप्त 'आ' तथा 'ओ' विभक्ति की भी जाँच-पड़ताल हो जानी चाहिए।

18. 'आ' तथा 'ओ' विभक्तियाँ

'आ' तथा 'ओ' हिन्दी की संश्लेषात्मक विभक्तियाँ हैं, (तुम्हारा-हमारा आदि में) 'र' की तरह। इस 'र' में भी 'आ' विभक्ति लगी है। एक बात 'र' के सम्बन्ध में रही जाती है। नहीं बताया कि हिन्दी, बँगला तथा पंजाबी में यह 'र' आया कहाँ से! हमारा अनुमान है कि संसकृत के 'हरेर्गृहम'-'भानोर्गुरू' आदि रूपों में ही यह सम्बन्ध-सूचक अंश 'र' लिया गया और हिन्दी ने अपनी प्रकृति के अनुसार उसे सस्वर ('र') कर लिया है। पूरब में 'तुम्हारा-हमार' और बंगाल में 'सीतार', 'आमार' आदि में 'र' ही है; पर जहाँ 'आ' तथा 'ओ' पुं-विभिक्तियों का विकास हो चुका था, वहाँ इस ('र') विभक्ति के भी अन्त में उसे लगा दिया गया और सवर्ण-दीर्घ कर के 'तुम्हारा-हमारा' तथा 'तुम्हारो-तिहारो' आदि रूप बने। संस्कृत में भी एक विभक्ति के बाद दूसरी विभक्ति लगती देखी गयी है। और, यहाँ तो 'आ' या 'ओ' जब पुं-व्यंजक विभक्ति के रूप में चलीं, तो सब के साथ इन का प्रयोग जरूरी हो ही गया; यदि पुं-व्यंजक आवश्क है। खैर, इस जगह हमें यह देखना है कि हिन्दी में संश्लेषात्मक विभक्तियाँ आयीं कहाँ से? इन का विकास या निकास देखना है।

हम देखते हैं कि संस्कृत में विसर्ग प्रायः 'अ' के रूप में परिणत हो जाता है। दोनों का स्थान कंठ है और उच्चारण समान। 'उपः' के विसर्ग आगे चल कर 'अ' के रूप में बदल गये–'उष अ'। सवर्ण-दीर्घ–'उषा'। एक ही अर्थ में, एक साथ ही 'उप' तथा 'उपा' इन दो शब्दों का चलन हुआ हो; ऐसा भाषा-विज्ञान के विद्वान् मान नहीं सकते। हिन्दी में भी 'ज्यादह' आदि शब्दों में जो अन्त्य वर्ण है, उसका उच्चारण ह् किंवा विसर्गों के समान ही है और इसीलिए कभी-कभी लोग भूल से 'ज्यादाः' जैसे रूप लिख भी देते हैं, जो ठीक नहीं। विसर्गों का प्रयोग संस्कृत शब्दों में ही उचित है। परन्तु भूल से लोग 'छह' को भी 'छः' लिखते चले जा रहे हैं! उच्चारण-साम्य से यह गलती! बात यह कि मुसलमानी शासन-काल में एक समय ऐसा आया कि हिन्दी एकदम निराश्रित हो गयी थी। पढ़े-लिखे वर्ग (कायस्थ आदि) उर्दू-फारसों के पुजारो बन कर राज-दरबार में घुस गये थे। अधिकांश राजा भी मुसलमानी रंग-ढंग

स्वीकार कर चुके थे; कम से कम भाषा के सम्बन्ध में तो वे किसी भी टोडी से कम न थे। हिन्दू राज्यों में उर्दू-फासरी चलने से वहाँ की प्रजा भी उधर ही बह गयी। वैश्यों को अपने व्यापार से मतलब! उन्होंने एक लिपि ही अलग बना ली थी—'मुड़िया'। साधारण जनता को शिक्षा दुर्लभ। हिन्दी को कौन पूछता है? संस्कृत के पंडितों में—ब्राह्मण-वर्ग के एक छोटे से समुदाय से—हिन्दी का लिखना-पढ़ना जारी रहा; सो भी इसलिए कि संस्कृत की लिपि भी नागरी है, जो हिन्दी की। फलतः जो पण्डित संस्कृत कम पढ़-लिख पाते थे, वे हिन्दी पढ़ते-लिखते थे। उन्होंने 'छह' उच्चारण सुना, तो उच्चारण-साम्य से, विसर्ग देकर 'छः' लिखने का उपक्रम किया। विसर्ग तो शुद्ध चीज ठहरी; संस्कृत से आयी हुई! बस, इन पण्डितों के इस 'छः' शब्द को लोगों ने स्वीकार कर लिया और इसकी ऐसी जड़ जमी कि अब तक हिल नहीं रहो है!

कहने का मतलब यह कि विसर्ग को या उस से मिलते-जुलते ज्यादह आदि के अन्तिम वर्ण को 'अ' होते देखा गया है, जो सवर्ण-दीर्घ हो कर रहता है। परन्तु अकारान्त संज्ञा आदि से परे ही यह सब होता है।

संस्कृत में अकारान्त पुर्ल्लिग संज्ञा आदि में पहली विभक्ति का एक वचन जब आता है, तो उस का रूप—'रामः, मधुरः, कः' आदि होता है। नंपुसक लिंग में ऐसी जगह 'म्' लगता है—ज्ञानम्, मधुरम्, किम् आदि। स्त्री-लिंग में भी इस जगह विसर्गों का प्रयोग नहीं होता है। फलतः 'रामः' आदि में विसर्गों को पुं-व्यंजक चिह्न आगे चल कर मान लिया गया। कई प्राकृत-अपभ्रंशों में विसर्गों को इस स्थल पर निर्बाध 'ओ' का रूप दे दिया गया—विसर्ग एकदम समाप्त! संस्कृत में 'रामः कास्य' रूप होते हैं, जो प्राकृत-अपभ्रंशों में—'रामो कस्स' होने लगे! विसर्गों का स्-श् के रूप में बदलना भी उड़ा दिया गया। सर्वत्र—'ओ'। यही 'ओ' व्रजभाषा में विभक्ति है, जिसे हम 'पुं-व्यंजक' विभक्ति कहते हैं और यह सदा संश्लिष्ट रहती है। मिष्टः, सकल, कृतः आदि की तरह मीठो, सगरो तथा कियो आदि में इस का उपयोग होता है। परन्तु विचित्र बात है कि विसर्गों से विकसित यह विभक्ति (ओ) ऐसे ही अकारान्त पुर्ल्लिग शब्द में लगती है, जो विकास-प्राप्त हो, तद्भव हो! 'सुन्दर' न होगा, न 'बालक' का 'बालको'। नपंसुकलिंग हिन्दी में है ही नहीं। स्त्री-लिङ्ग में यह 'ओ' विभक्ति

लगती नहीं है; पूर्व परम्परा का ध्यान करके। 'भित्ति' का तद्भाव 'भीत' है, जिस में 'ओ कभी भी न लगेगी। 'महिषी' का 'भैंस' बना कर फिर इस में 'ओ' विभक्ति नहीं लगायी गयी—'भैंस' ही रहने दिया गया। पुर्ल्लिग में जरूर वह लगी—'भैंसा'। रानी का वाचक शब्द 'महिषी' अविकृत रहा। साधारण जनता को उस के व्यवहार से क्या मतलब! 'रानी' चलता रहा।

एक दूसरे क्षेत्र में विसर्गों का रूपान्तर 'अ' के रूप में हुआ, जिस की प्रक्रिया का उल्लेख पहले किया जा चुका है। हमें प्राकृत-अपभ्रंश का वह रूप कहीं साहित्य में उपलब्ध नहीं, जहाँ 'राम' का वैसा विकास होकर 'रामा' आदि का रूप मिला हो। संस्कृत में (ा) स्त्री-लिङ्ग का चिह्न है—रमा, लता, सुशीला। सम्भव हुआ इसीलिए रामः आदि का वैसा ('रामा' आदि) विकास न गृहीत हुआ हो; साहित्य में। परन्तु जनता में वैसा चलन हुआ होगा और स्त्री-लिंङ्ग का भ्रम दूर करने के लिए आगे चलकर उन्हें (स्त्री-लिंङ्ग शब्दों को) ह्रस्व करना पड़ा होगा—आकारान्त से अकारान्त किया गया होगा—कोकिला-कोयल, जंघा-जाँघ आदि। स्त्री-व्यंजक 'ई' प्रत्यय (ी) हिन्दी ने संस्कृत का ही रखा और पुल्लिङ्ग से स्त्री-लिङ्ग बनाने में उसी का उपयोग किया—लड़का-लड़की, बुड्ढा-बुड्ढी। 'वृद्धा' संस्कृत में स्त्री-लिंग, 'बुड्ढा' हिन्दी में पुर्ल्लिग। स्पष्ट ही यहां हिन्दी ने अपना अलग व्यक्तित्व प्रकट किया है। यह (ा) विभक्ति पूरबी हिन्दी में भी क्वाचित् दिखाई देती है—राम गवा' 'गोविन्द आवा'। 'गया—आया' के य् को व् हो गया है। पुं-व्यंजक विभक्ति ज्यों की त्यों है। स्त्रीलिंग में वहाँ भी 'ई' है—'गई-आई'।

'सो' इस तरह हिन्दी की यह 'आ' तथा 'ओ' विभक्ति जनमी और बढ़ी।

'र' में 'आ' विभक्ति लगाकर तुम्हारा; 'ओ' लगा कर तुम्हारो-तिहारो-थारो। 'थारो' फिर 'तुम्हारा का संग पाकर 'थारा'। 'थारा पंजाब में 'थ्वाडा'। फिर 'ड' को 'द' कर के सर्वत्र 'राम दा', 'गोपी दे' आदि। इस 'द' का 'क' कर के 'राम' 'का' 'गोपी के' आदि हिन्दी में।

इस प्रकार यह विभक्ति-कथा संक्षेप में हुई। 'र-ड' और 'द-क' की तो बात ही कुछ नहीं; ऐसे-ऐसे परिवर्तन होते हैं कि कुछ पता ही नहीं चलता! कभी-कभी एक ही नसल के लोग दूर जाकर रूप-रंग में और आकार-प्रकार में

इतने बदल जाते हैं कि पहचानना कठिन हो जाता है। तब उनके आचार-विचार तथा रीति-रिवाज आदि देख कर के और उसकी समता खोज कर मूल-निर्धारण किया जाता है। जिसे पता न हो कि गन्ने के रस से चीनी बनती है, वह रूप-भिन्नता के कारण कल्पना भी न कर सकेगा कि चीनी गन्ने के रस का ही परिवर्तित रूप है! कोई लाल बुझक्कड़ यह भी कह सकता है कि खड़िया पीस कर चीनी या बूरा बनाया जाता है! जब उस से पूछा जायगा कि खड़िया में मिठास कैसे और कहाँ से आ गया, तब वह मुँह फैला देगा।

'हिन्दी-शब्दसागर में कुछ इसी ढंग से शब्दों की व्युत्पत्ति बतायी गयी है। 'सुध' हिन्दी का प्रसिद्ध शब्द है—'मेरी सुध लीजो दीनानाथ'। इस 'सुध' शब्द का विकास संस्कृत 'शुद्ध' शब्द से बतलाया गया है; यानी 'श' को 'स' हो गया, और द् का लोप। परन्तु यह नहीं सोचा गया कि 'शुद्ध' तथा 'सुध' के अथ में कोई दूर का भी सम्बन्ध है या नहीं! अर्थ से क्या मतलब! चीनी के मिठास की वात मत पूछो; रूप-रंग देखो; खड़िया से मिलता है न? इसी तरह की नब्बे प्रतिशत शब्द-व्युत्पत्तियाँ उसी 'सागर' में आप देख सकते है! प्रत्यय-कल्पना भी वहाँ बड़ी विचित्र है! खैर, हम कह रहे थे कि रूप-रंग न मिलने पर भी आन्तरिक तत्त्व की एकता से खोज की जाती है। ऊपरी बनावट न मिलने पर भी प्रवृत्ति-साम्य से मूल की खोज होती है; जैसे कि दा, दे दी और का, के, की, के मामले में हुई।

19. किसी एक हड्डी की समानता

कभी-कभी किसी एक हड्डी की समानता से ही मूल पुरखों की खोज हो जाती है; यदि और बातें भी वैसी गवाही दें। पंजाब में एक शब्द जन-प्रसिद्ध है—'नू्'। जिसे हम बहूम या पतोहू कहते हैं, पंजाबी भाषा में उसे 'नू' कहते हैं। आप इसकी परम्परा बता सकते हैं? कोई कह देगा कि 'वधू' के 'व' का लोप और धू को नू—'नू्'। परन्तु इतना सरल काम यह नहीं है। हम कहेंगे कि ध, भ, ढ, ध इन महाप्राणों को 'न' 'म आदि मधुर अल्प्राणों में बदलने के कुछ उदाहरण दीजिए। आप के कहने से हम न मान लेंगे कि शेर दुबला होते-होते अन्त में हिरनी बन गया। उसकी महाप्राणता हमें ऐसा विश्वास न होने देगी।

आगे खोज कीजिए। 'नू' शब्द संस्कृत के 'स्नुषा' शब्द से बना है। 'स' को लोप और अन्त के 'षा' का भी लोप। 'नु' के 'उ' को दीर्घ-ऊ। बन गया 'नू'। 'स्नुषा का अर्थ ज्यों का त्यों 'नू' में है। कभी अर्थ-विकास भी होता है। हिन्दी में एक शब्द है 'अंझा'। अर्थ है इसका छुट्टी, नागा होना। मिल-मजदूर से बाबू कहता है—'इस महीने में तुम्हारे कितने अंझे हैं? आप समझे, यह 'अंझा' किस शब्द का रूपान्तर है? संस्कृत में एक शब्द है—'अनध्याय जो शिक्षा-संस्थाओं में 'छुट्टी' के अर्थ में प्रयुक्त होता है। 'प्रतिपद्‌को अनध्याय रहता है।' 'शिक्षा-संस्था में 'छुट्टी' यह 'अनाध्याय' शब्द का मूल अर्थ है। 'अंझा' में इस अर्थ का विकास हो गया। सामान्यतः छट्टी-मात्र के लिए 'अंझा' चल पड़ा, काम न होने के अर्थ में। 'अनाध्याय' में ध् के द् का लोप, ह् शेष। य् को ज् और ज्-ह् मिलकर 'झ्'। 'न' के 'अ' का लो और इस (न्) को अनुस्वार। अन्त्य 'य' का भी लोप। तब बना 'अंझा'। अन्त में वही पुं-विभक्ति—'आ लग गयी। दोनों 'य्-य् का लोप होकर भी वैसा रूप सम्भव है—ध् को झ् करके। पर है यह 'अनध्याय' से ही। इतनी दूर जाने की झंझट में न पड़ कर कोई कहे 'अनुज्झित से अंझा' है, तो कैसा रहेगा? फिर इसी 'अंझा' के 'अ' का लोप करके वह 'झा' बताये, तो? 'झा' की व्युत्पत्ति यह करे कि जो अंझा बहुत करे, काम को अनुज्झित करने की—पूरा किये बिना छोड़ने की—जिस की प्रवृत्ति न हो, वह 'आ'। साधारणतः लोग कहेंगे कि हाँ भाई, ठीक है। डॉ. अमरनाथ झा तथा श्री बी. एल. झा आदि को देखा है; काम करने में कितने चुस्त हैं! परन्तु विचारशील लोग पूछेंगे कि यह बात क्या अन्यत्र नहीं है? और क्या सभी 'झा' 'अनुज्झितकर्मा' ही होते हैं? ऐसी बात तो है नहीं। यह अटकलपच्चू व्युत्पत्ति मान्य न होगी। ब्राह्मणों के अतिरिक्त और किसी वर्ण या वर्ग में 'झा' या 'ओझा' शब्द व्यवहृत ही नहीं होता। संस्कृत का 'उपाध्याय' शब्द सामने हैं। पढ़ाने-लिखाने का काम करने के कारण ब्राह्मण-वर्ग 'उपाध्याय'। इस 'उपाध्याय' से 'ओझा'; जैसे 'अनाध्याय से 'अंझा'। फिर 'ओ' का भी प्रदेश-विशेष में लोप—'झा'। इस गये-गुजरे जमाने में भी पं. गौरी शंकर हीराचन्द ओझा तथा पं. गंगानाथ झा महोदय ने जो काम सारस्वत क्षेत्र में किया, जो नाम पाया और राष्ट्रभाषा हिन्दी का जो

इन्होंने मान बढ़ाया, बेजोड़ है। 'महामहोपाध्याय' ये दोनों हुए—ओझा भी और झा भी। 'महामहोपाध्याय' होने पर भी दोनों विभूतियों ने अपने पम्परागत पद 'ओझा' और 'झा' छोड़े नहीं—महामहोपध्याय पं. गौरी शंकर हीराचन्द्र ओझा और महामहोपाध्याय पं. गंगानाथ झा। दूध में घी मिला कर सेवन।

सो, शब्द-विकास के रूप के साथ-साथ अर्थ पर भी ध्यान रखना होता है।

हम यह बता रहे थे कि 'र' को 'ड' भी हो जाया करता है। उसी प्रसंग में विभक्ति-चर्चा चल पड़ी और वह सब संक्षेप से बतलाया गया। अब कुछ अन्य वर्णों की भी विकास-प्रवृत्ति देखिए।

'ल' को प्रायः 'र' हो जाया करता है। दोनों अन्तःस्थ हैं, दोनों अल्पप्राण हैं और उच्चारण में भी बहुत-कुछ समता है। 'काला' 'पीला' ब्रजभाषा में 'कारो' 'पीरो' बन जाते हैं; पर 'नीला' वहाँ 'नीरो' नहीं बनता। 'आ' और 'ओ' विभक्तियाँ तद्भव संज्ञा-विशेषणों में ही लगते हैं। 'नील' तत्सम है; पर अपवाद-स्वरूप इसका 'नीला' है—'पीला' के साथ। हाँ, 'ड' या 'ड़' प्रायः 'र' के रूप में आ जाते हैं—झगड़ा—झगरो। परन्तु 'उड़ना' कभी 'उरना' नहीं बन सकता।

'व' को प्रायः 'व' हो जाता है; यह कहा जा चुका है। श और ष हिन्दी में प्रायः 'स' के रूप में बदलते देखे गये हैं—शाक-साग, शिरसिर। और—'षोडश'-'सोलह'। अन्त्य 'श' को 'स' और फिर 'ह'। 'ड' को 'ल' हो गया। 'ड' तथा 'ल' का उच्चारण-साम्य ही ऐसा है कि झट से एक दूसरे की जगह ले लेते हैं। 'दश' को 'दस' हम जानते—पहचानते हैं; परन्तु प्रक्रिया में यह 'स' को 'ह' के रूप में कर लेता है—दहला, दहाई आदि। यह बात प्रायिक है। सर्वत्र प्रक्रिया में स को ह हो जाता हो, सी बात नहीं है—'दसहरा'। यहाँ 'दस' का 'दह' नहीं हुआ। क्यों? इसलिए कि दो 'ह' एक जगह बहुत कर्ण-कटु तथा दुरुच्चारण हो जाते। 'दहहरा' बड़ा भद्दा लगता। इसलिए वैसाा नहीं हुआ।

कभी-कभी 'दस' के 'द' को 'र' भी हो जाता है—'तेरह'। 'ते' तो 'तीन' का शेष है। परन्तु 'बारह' में यह 'बा' क्या है? आप जानते हैं?

20. गिनती का 'बा' हिन्दी में क्या है?

बारह, बाइस, बत्तीस, बयालीस, बावन, बयासी, बानवे; कहीं भी 'दो' की जरा भी झलक नहीं है। इन प्रयोगों से स्पष्ट है कि 'बा' और 'ब' का प्रयोग 'दो' का अर्थ में हैं; जब कि पृथक् हम 'दो' ही बोलते हैं। एक और एक 'दो' होते हैं, 'बा' या 'ब' नहीं। तब फिर आगे सयुक्त अंकों के नामों में वह कहां से? व्रजभाषा की पुरानी कविता में अवश्य 'दो' के लिए 'बिबि' का प्रयोग मिलता है—'विवि लोचन'। परन्तु ब्रज की जन-भाषा में 'विवि' नहीं; 'दो' या 'द्वै' ही बोलते हैं।

बात असल में यह है कि पुरखा ('द्वि' या 'द्वौ') की सम्पत्ति का विभाजन जब हुआ, तो हिन्दी ने 'द्' का अंश लिया और 'द्वौ' के आधार पर 'दो' रूप ग्रहण किया। यानी, 'व' का लोप और 'औ' को 'ओ'। 'व्' 'ब्' बन कर और 'ए' का सहारा लेकर गुजरात पहुँचा। गुजराती ने 'द्वि' या 'दौ' का 'व्' लिया; 'बे बनाकर—'बे आम'—दो आम। गुजरातियों का मथुरा-गोकुल में अधिक आना-जाना रहा। और, वल्लभ-सम्प्रदाय में गुजराती ही अधिक है; जिस सम्प्रदाय में महाकवि सूरदास ने दीक्षा ली थी। गुजराती-प्रभाव से ही ब्रजभाषा की पुरानी कविता में 'विबि' बन गये?

परन्तु बाइस, बयालीस आदि तो जनसाधारण के प्रयोग हैं और सार्वत्रिक है। ये कैसे बन गये?

इस का लम्बा किस्सा है। सिन्ध में 'दो' को 'ब' या 'बा' कहते हैं। वही 'व या 'बा' हिन्दी के 'बयालीस' तथा 'बावन' में आप देख रहे हैं। तो, सिन्ध से यह 'द्वौ' का 'व' और 'बा' इस भाषा में कैसे आ मिला? यह ठीक है कि किसी एक भाषा का दूसरी पर प्रभाव पड़ा करता है। फिर, सिन्धी भाषा तो हिन्दी की सगी बहन है—सिन्ध का एक रूप 'हिन्द' है और उसी से 'हिन्दी'। स् का ह् होकर शब्द-विकास हुआ; अर्थ-विस्तार भी। सिन्ध और सिन्धी अपने असली रूप में सीमित रहे; उनके विकसित रूप 'हिन्द' तथा 'हिन्दी' ने अत्यधिक सीम-विस्तार किया। यह भी ठीक है कि विदेशी (मुसलमान) सिन्ध की ओर से ही इस देश में प्रविष्ट हुए और वे सिन्ध को 'हिन्द' तथा हिन्द की भाषा 'हिन्दी' समझते हुए आगे बढ़े। दिल्ली में उन्होंने स्थानीय (मेरठ)

बोली को राष्ट्रभाषा के रूप में स्वीकार किया, जिस का नाम बाद में उर्दू और फिर (अंग्रेजों ने) हिन्दुस्तानी रखा। नाम के साथ रूप में भी भेद हुआ। 'सो, सिन्ध का 'ब' या 'बा' हिन्दी में आ जाय, तो अचरज की बात नहीं; ऐसा कहा जा सकता है।

परन्तु अच्छी तरह से विचार करने पर यह धारण गलत साबित होती है। किसी भाषा पर अन्य भाषा का प्रभाव पड़ता है; यह ठीक है, परन्तु उसके मौलिक गठन पर कोई प्रभाव नहीं पड़ता। 'सिन्ध' का 'हिन्द' तथा उसे 'हिन्दी' लेकर भी हिन्दी भाषा ने शब्द के आदि में 'स्' को 'ह्' अन्य किसी शब्द में ग्रहण नहीं किया। सिंध में 'सत्तर' को 'हत्तर' बोलते हैं; हम नहीं। हाँ, 'इकत्तर' में 'ह' स्वीकार है। हिन्दी ने शब्द के आदि में 'स' को कभी भी 'ह' नहीं बनाया है। यह विशेषता है। दूसरी भाषाओं की क्रियाएँ, सर्वनाम तथा संख्यावाचक शब्द किसी भाषा को प्रभावित नहीं करते हैं। उर्दू में फारसी-अरबी के लाखों अनावश्यक शब्द मुसलमान लेखकों ने भरे; परन्तु करना, उठना, पीना आदि क्रियाओं की जगह वे विदेशी भाषाओं के शब्द ना ला सके! यदि ला देतेः तो फिर वह 'उर्दू' फारसी-अरबी ही बन जाती। इसी तरह सर्वनाम नहीं बदलते। संख्यावाचक शब्द बदलने का प्रयत्न कभी-कभी किया गया है; पर ठिठकते हुए। 'पाँच' को उर्दू में 'पंज' लिखते हैं; जो 'पञ्च' संस्कृत का फारसी-संस्करण है, जिसका हिन्दी-रूप 'पाँच' है। 'सप्त' का फारसी-संस्करण उर्दू में 'हप्त' चलता है; हिन्दी-संस्करण 'सात' वैसा नही। 'एक', 'दो', 'तीन', 'आठ' आदि ज्यों के त्यों चलते हैं। कदाचित् इन शब्दों के फारसी-संस्करण उपलब्ध हों। हिन्दी या उर्दू में 'सात' के लिए 'सेविन' और 'पाँच' के लिए 'फ़ाइव' नहीं चला सकते; क्योंकि भारत की मूल भाषा से इन का विकास स्पष्ट प्रतीत नहीं होता।

सारांश यह कि किसी दूसरी भाषा के संख्यावाचक शब्द दूसरी भाषा में नहीं जाते हैं। उर्दू में 'हप्त' आदि तो राज-बल से चल पड़े। पर, सिन्धी के शब्द कैसे आते? सिन्ध का हिन्दी-भाषी क्षेत्र से वैसा लगाव भी नहीं; जैसा पंजाब आदि का। इसलिए, यह कैसे माना जाय कि सिन्धी भाषा का 'ब' और 'बा' हिन्दी में आ मिला? और शब्द क्यों नहीं आये?

वस्तुतः बात यह है कि लोक-भाषाओं में किसी-किसी शब्द का अनेकधा विकास हुआ है—विशेषतः संख्या-वाचक विशेषणों का। इसकी चर्चा हम एक पृथक् अनुच्छेद में करेंगे। पीछे आप देख ही चुके हैं कि हिन्दी ने 'दश' को स्वतंत्र रूप से 'दस' कर के ग्रहण किया; पर प्रक्रिया में 'दह' कर दिया; कहीं-कहीं 'रह' भी! तो, क्या इससे यह निष्कर्ष निकले कि 'दह' पंजाब से और 'रह' किसी अजनबी भाषा से आया? तब 'पचास' के लिए 'वन' कहाँ से आया? 'बावन' में 'बा' यदि सिन्ध का है, तो 'वन' क्या काठियावाड़ का है? किस प्राप्त में 'पचास' को 'वन' कहते हैं? पंचाशत् का विकास हिन्दी ने 'पचास' अपनाया; तब प्रक्रिया में 'वन' कहाँ से लायी? फिर 'पन' भी तो है—'तिरपन'! यह क्या बात है?

बात यह कि भाषा किसी शब्द को अनेक रूपों में भी ग्रहण करती है। हम गन्ने के रस का गुड़ भी बनाते हैं, राव भी, सिरका भी, चीनी भी। सब के रूपों में अनन्तर है। 'रस' का मूल रूप में भी हम उपयोग करते हैं। इसी तरह जीवित और चलतू भाषा एक शब्द का अनेकधा विकास करती है और उन शब्दों का किंचित् अर्थ-भेद भी हो जाता है। कदाचित् अर्थ-भेद होने पर ही शब्द के स्वरूप में भेद होता हो। 'निःश्रेणी' से 'नसेनी' बना—काठ की सीढ़ी, ऊपर चढ़ने के लिए। फिर ईंट-पत्थर की 'नसेनी' के लिए 'सीढ़ी' शब्द बना—'श्रेणी' से। श्रेणी—डंडों को या ईंट-पत्थर की एक व्यवस्थित पंक्ति। 'श्रेणी से वह अर्थ नहीं निकलता, जो 'सीढ़ी' से। 'नसेनी' में 'सीढ़ी' में अन्तर है। पहले 'नसेनी' बना या 'सीढ़ी' या दोनों साथ-साथ; यह अलग चर्चा है। वस्तुतः देहात में 'नसेनी' का और शहर में 'सीढ़ी' का बनना समझ में आता है। 'सीढ़ी' का ही 'पीढ़ी' कर लिया गया, वर्ण-विकार से। 'पीढ़ी' भी नीचे की 'सीढ़ी' ही समझिए।

हाँ, हम कह रहे थे कि 'ब' तथा 'बा' हिन्दी में सिन्ध से आये; इस में कोई प्रमाण उपलब्ध नहीं। वस्तुतः हिन्दी में 'द्वौ' का 'दो' तो बनाया स्वतंत्र प्रयोग के लिए और 'व' का 'ब' तथा 'वा' बनाया प्रक्रिया के लिए; जैसे 'दस' स्वतंत्र प्रयोग के लिए और 'दह' तथा 'रह' प्रक्रिया में। इस तरह 'बाईस' आदि हुए। 'बीस' का 'ईस'! ब् का लोप।

स् के विकास की चर्चा थी। कहाँ से कहाँ पहुँच गये! जैसे शिकारी किसी शिकार का पीछा करता हुआ कहीं का कहीं जा निकले!

21. 'स' का अलक्षित विकास

स्पष्ट है कि स् प्रायः 'ह्' के रूप में बदलता है! संस्कृत में स् का विसर्ग होना भी लगभग यही चीज है। ह् तथा विसर्ग का एक ही स्थान है और उच्चारण भी लगभग एक। संसार की प्रायः सभी भाषाओं में स् को ह् के रूप में बदलते आप देख सकते हैं। वर्ण-विकास में आधे खेल स्-ह् के हैं, आधे में शेष सब की कतर-ब्यौंत। कभी-कभी स् का विकार अत्यन्त अलक्षित होता है। जैसे किसी महापुरुष के हर्ष-शोक आदि विकार सब लोग नहीं समझ पाते; उसी तरह 'स्' की भी बात समझिए।

'मिष्ट' से हिन्दी ने 'मोठ' बनाया। ष् को स् हुआ; स् फिर 'ह्' बना और यह 'ह्', 'ट्' के अन्त में जा बैठा। इस उलट-फेर में पूर्व-स्वर की बन आयी—वह ह्रस्व से दीर्घ हो गया। 'मिष्ट' का 'मीठ' बन गया—'गुड़ मीठ लागति है।' मेरठ की ओर पुं-व्यंजक विभक्ति ऐसे तद्भव शब्दों में लगती ही है—'मीठा'। ब्रज में 'ओ' विभक्ति—'मीठो'। परन्तु 'घृष्ट' का 'ढीठ' ही सर्वत्र चलता है—'ढीठा' या 'ढीठी' नहीं। यहाँ मेरठ और ब्रज पर हमारी पूरबी हिन्दी की छाप है। 'घृष्ट का 'ढोठ' पूरब में ही बना। परन्तु 'सीठा' और 'सीठो' को 'सृष्ट' या 'श्रेष्ठ' से न समझ लीजिएगा! अर्थ भी तो देखता है न? 'सीठा' अवश्य ही 'मीठा' की वजन पर गढ़ा गया है, उससे उलटे (नीरस) अर्थ में।

'पाषाण' का 'पाहन' हो गया—ण् का न् और ष् का स्। फिर स् का ह् और स्वर-विकार—'आ' को 'अ'—'पहान'। परन्तु कानपुर के इधर-उधर देहात में प्रचलित 'परवाहन' को 'परोषण' जैसा कुछ न समझ लीजिएगा। रथ-बहली आदि सवारियों को 'पर्वाहन' कहते हैं। निश्चय ही यह—'प्ररोहण' का विकास है। इसी प्रकार वहाँ देहात में प्रसिद्ध शब्द 'उबहनी' आप उद्भासिनी' आदि से न समझ लें! 'उबहनी' कुएँ से जल निकालने की रस्सी को कहते हैं। अवश्य ही यह 'उद्वाहिनी' का रूपान्तर है—'उत् ऊर्द्ध्वम् वाह्यते अनया'-चूँकि इससे (जल) ऊपर खींचते हैं न? 'उबहनी' में 'उत्' उपसर्ग 'उ' बन गया है; अर्थात् 'त' का लोप।

'भाप' में स् अवश्य अलक्षित रूप से बैठा है—वाष्प-भाप। व् को ब् और ष् को स्। फिर स् को ह् हुआ और यह ह् जा बैठा 'ब्' की बगल में। बन गया—'भाप'। ह् बड़े विचित्र खेल करता है। इसी ने दक्षिण में 'पाठक' को 'फाटक' बना दिया है पं. रामचन्द्र सदाशिव फाटक। यहाँ 'फाटक' को 'कपाट' का विकास न समझा जाय; कारण महाराष्ट्र ब्राह्मणों का वह वर्ग ('फाटक' लोग) किसी को जाने-आने से रोकने का काम नहीं करता है। 'पाठक' में 'ठ' के साथ बैठा हुआ 'ह्' धीरे से उठ कर प से जा चिपका और 'पाठक' को 'फाटक' बना बैठा।

हिन्दी ने स्वतन्त्र रूप से ही शब्द स्वीकार किये हैं। संस्कृत के 'सत्य' को 'सच' बना लिया;पर 'असत्य' को 'असच' के रूप में न लेकर जुष्ट (मृषार्थक) से 'झूठ' का विकास किया। देखा जाता है कि शब्द के अन्त में वैसा कुछ वर्ण-विकार होने पर पूर्व में स्वर दीर्घ हो जाता है—अष्ट-आठ। वर्ण का लोप होने पर भी पूर्व-स्तर दीर्घ होता है और अन्त्य-स्वर-विकार भी होता है—षष्ठि—साठ। 'इ' को 'अ' हो गया; 'ष्' को लोप; आद्य स्वर दीर्घ।

उभयथा शब्द-प्रयोग तो हिन्दी में बहुधा होता ही है—केसरी—केहरी, मुख—मुँह आदि। दोनों तरह के रूप चलते हैं।

22. स्वर-विकार

स्वर-विकार की अनेक बातें ऊपर व्यंजन-विकार के साथ आ गयी हैं। कभी 'अ' को 'इ' और 'उ' भी हो जाता है। दीर्घ को ह्रस्व और ह्रस्व को दीर्घ होना तो साधारण चीज है। 'अंगुलि' का 'अँगुली' हो गया। अनुस्वार को अनुनासिक और अन्त्य स्वर दीर्घ। 'उ' को व् और 'व्' को उ होता रहता है। इसी तरह इ को य और य को इ-ई भी सर्वत्र देख सकते हैं। कभी-कभी विकास की कई ऐसी सीढ़ियाँ आती हैं, जिन्हें 'सन्धि' कहते हैं—'करहि'—'करइ'। ह् का लोप। फिर एक बार विकास करै—करे। अ-इ मिलकर एक जगह 'ऐ'; दूसरी जगह 'ए'। 'करै' का घिसा-घिसाया रूप ही 'करे' है। 'करे' का स्वतन्त्र विकास नहीं; यह भी कह सकते हैं; क्योंकि हिन्दी-प्रकृति 'अ' तथा 'इ' या 'ई' की सन्धि प्रायः 'ऐ' के रूप में ही स्वीकार करती है। इसी तरह 'करौ' से 'करो' कहा जा

सकता—'औ' को 'ओ'। करहु—करउ। ह् का लोप। फिर 'करौ' और 'करो'। इसी तरह 'भी' के अथ में 'हू' जो ब्रज में प्रसिद्ध है, उसके ह का भी लोप होता रहता है—'तुम हू'—'तुम ऊ'। कहीं सन्धि भी—चार हू—चार-उ (ह्रस्व भी) और 'चारौ'। लोप की चर्चा अगले प्रकरण में होगी। यहाँ तो स्वर-विकार पर कुछ कहा जा रहा है।

आद्य व्यंजन के 'ऋ' को 'इ' होते देखा गया है—शृङ्गार—सिंगार। श् को स् भी। कहीं दीर्घ 'ई' भी होती है—शृङ्ग—सींग। 'ओ' हिन्दी में 'उ' भी बन जाता है और 'उ' को 'ओ' भी हो जाता है। संस्कृत का 'तु' अव्यय यहाँ 'तो' बन गया और 'तो' फिर—'न तु मारे जैहैं सब राजा' में 'तु' है। 'उ' को 'अ' हो जाता है—'नाहिं त मौन रहब दिन राती'। परन्तु यह सब ब्रजभाषा और अवधी की कविता में ही। खड़ी बोली (राष्ट्रभाषा में) तो सदा 'तो' की ही तूती बोलती है।

'इ' तथा 'इ' को इय् होती भी आप प्रायः देखते ही हैं। 'तबीअत' 'तबियत'।

आद्य व्यंजन की 'ऋ' कभी-कभी 'इर' रूप में भी आ जाती है। संस्कृत में 'ऋ' को अर् हुआ करता है; यहाँ 'इर' भी—कृपाण-किरपान। 'ऋ' को 'अर्' हुआ 'घर' में ही आगे आप देखेंगे।

आद्य स्वर प्रायः ह्रस्व हो जाता है जनभाषा में—नारायण नरायन। परन्तु 'पाप-परायन ताप भरे परताप समान न आना कहू है' में 'परायन' शब्द 'पारायण' से नहीं है—'परायण' से 'परायन' है। शब्द-साम्य मात्र से बहक जाना ठीक नहीं। 'लड़का-लड़की' की व्युत्पत्ति 'लड़का-लकड़ी' से करना ठीक ठीक है क्या? पर जहाँ 'शुद्ध' से 'सुध' बनता है, वहाँ असम्भव क्या है? वे वर्ण-व्यत्यय से 'लकड़ा' का 'लड़का' भी बना देंगे। कहेंगे, लड़के की तरह यह भी जड़ (मूर्ख) होता है न! तब तो 'कोयला' से 'कोयल' भी बन जायगी। टाँग भर ही तो तोड़नी है! रंग की समानता विकास का कारण! क्या यह ठीक है? केवल अर्थ के सहारे भी शब्द-निरुक्ति ठीक नहीं। हिन्दी के एक बड़े 'डाक्टर' हैं; भाषा-विज्ञान के आचार्य! हरिद्वार (ज्वालापुर-सत्यज्ञान-निकेतन) में उनका एक भाषण हुआ, काशी के भी रामनारायण मिश्र के तत्त्वावधान में।

इस भाषण में डाक्टर साहब ने हिन्दी के 'बीच' शब्द की उत्पत्ति 'मध्य' शब्द से बताई थी! भाषण समाप्त होने पर मैं अपने मित्र 'डाक्टर' साहब से जब मिला, तो कहा कि 'मध्य' से 'बीच' की उत्पत्ति हो नहीं सकती। 'म' को, 'ध' को अथवा 'य' को कभी 'ब' के रूप में बदलते अन्यत्र भी देखा है क्या? उस समय तो डाक्टर साहब अपनी बात पर अड़े रहे; पर 'सम्मेलन' के बम्बई-अधिवेशन पर मिले, तो बोले—''वाजपेयी जी, आपकी वह बात ठीक है। 'बीच' की उत्पत्ति 'मध्य' से नहीं है। इस विषय में 'प्रेमी-अभिनन्दन-ग्रन्थ' में एक विद्वान् का लेख प्रकाशित हुआ है; आप ने देखा होगा।'' मैंने अपने आप को धन्य समझा कि उस विद्वान् के उस लेख को देखकर 'डाक्टर' साहब ने मेरी बात मान तो ली।

हाँ, वह 'लड़का' शब्द आया कहाँ से? कहीं से आया होगा! सब की उत्पत्ति आप न जान सकें, तो कोई बड़ी बात नहीं है। साधारण बात है। कोई भी सब शब्दों की पूरी जानकारी का दावा नहीं कर सकता। परन्तु, कहीं न कहीं से उत्पत्ति बतानी ही है; यह सनक ठीक नहीं। किसी के बाप को आप न जानते हों तो उसे किसी दूसरे का लड़का बता देंगे क्या? अरे, यह 'लड़का' तो बार-बार आ कूदता है। है कौन, जो उस तरह चीजों के लए ललकता, ललचता और लपकता फिरता है। 'ला ला' की धुन लगाये रहता है यह 'लल्ला'! क्या 'ललचना' और 'ललकना' में वर्ण-विकार से एकता है? क्या 'ल' का 'ड' और 'ड़' हो जाना सुप्रसिद्ध नहीं है? तो, 'ललक' से 'लड़क' असम्भावित है क्या? 'लड़क' में ही हिन्दी की पुं-विभक्ति 'आ' लगकर 'लड़का' बना है क्या? परन्तु ब्रज में 'लड़का' नहीं होता। वहाँ छोरा चलता है। अब आप 'छोरो' के रासचक्कर में न पड़ें और आगे बढ़ें।

हम स्वर-विकार बतला रहे थे। व्यंजन को भी स्वर होते देखा गया है। सो, यह व्यंजन-विकार है। 'नयन' का 'नैन' हुआ, दो पीढ़ियों या सीढ़ियों में।—य का 'इ' हुआ और 'अ' 'इ' मिलकर 'ऐं'—'नैन'। इसी तरह 'बैन' भी है—वचन बयन-बइन—बैन। 'पिकबैनी' में इसी की चहक है। पर 'बिधुबैनी समेत सुभाग सिधाये' में 'बैनी' का विकास 'वचन' से नहीं है। चन्द्रमा मीठा बोलता नहीं है; देखने में ही अच्छा लगता है। सो, यह 'बैनी' 'वदन' से

है–'विधु-वदनी'। 'वदन' के 'व' को 'ब'; 'द' को 'य' और 'य' को 'इ'। फिर वही स्वर-सन्धि।

ऊपर बताया गया है कि आद्य व्यंजन के 'ऋ' को 'इर' हो जाता है। परन्तु 'अर्' भी (संस्कृत की तरह) होता है। 'गृह' को 'घर' बन गया–'ऋ' को 'अर्'–'ग् अर् ह् अ' ऐसी स्थिति हुई। 'ह्' अपने स्थान से उठकर ग् के साथ जा बैठा, तब 'घ् अर् अ' स्थिति हुई। घ् आगे 'अ' में मिला और र् अपने पास के 'अ' में–'घर' बनकर तैयार। इस तरह 'ह्' यहाँ आगे गया है।

इसी तरह हमारे बताये नियमों के अन्य अपवाद भी हैं। उदाहरणार्थ हमने कहा है कि हिन्दी जब संस्कृत की किसी आकारान्त संज्ञा या विशेषण आदि को 'शुद्ध' करके 'तद्भव' रूप में लाती है, तो उसके स्त्रीत्व-सूचक 'आ' (ा) को हटा देती है, ह्रस्व कर देती है। यह बात प्रायिक है। स्त्री-लिंग बनाने के लिए संज्ञा आदि को यहाँ तद्भव रूप मिलता है, तब ह्रस्व नहीं किया जाता है। उदाहरणार्थ संस्कृत का 'खट्वा' हिन्दी में 'खाट' बनता है–'खाटा' नहीं। संस्कृत में छोटी खाट को 'खट्विा' कहते हैं। इसका स्त्री-लिंग तद्भव रूप हिन्दी में 'खटिया' है। इसी तरह 'पर्य्यङ्किका' का तद्भव रूप 'पलँगिया' है। इसे 'पलँगिय' न होगा, न 'खटिया' को 'खटिय'। यदि अल्पार्थक 'क' न हो; 'स्वार्थ' में 'क' प्रत्यय हो, तब उसे (स्वार्थ में) हिन्दी तद्भव के रूप में ग्रहण न करेगी। 'बाल' और 'बालक' एक ही अर्थ में है। 'बाल' से स्वार्थ में 'क'। 'बालक' का स्त्रीलिंग रूप 'बालिका' को 'मिटिया' भी हिन्दी न बनायेगी। 'नासा' से स्वार्थ में 'क' से 'मटिया' तद्धित बनाना अलग बात है। इसी तरह–'पुस्तिका' का 'पुस्तिया' न होगा। न 'दीपक' के स्त्रीलिङ्ग 'दीपिका' का 'दीपिया' होगा। जहाँ 'क' प्रत्यय होता है, चाहे अल्पार्थक हो, चाहे स्वार्थ में, प्रकृति के 'अ' को 'इ' हो जाता है–'पर्य्यङ्क' से 'क' और आगे स्त्री-प्रत्यय 'आ'। सवर्ण दीर्घ और पर्य्यङ्क के अन्तिम 'अ' को 'इ'–पर्य्यङ्कका'। ऐसे स्थल में सर्वत्र 'इ' मिलेगी। हिन्दी ने 'का' को 'आ' का रूप दे दिया और प्रकृति के 'इ' को सदा 'इयू' किया–पर्य्यङ्किका–पलँगिया। यही नहीं, हिन्दी ने स्वतन्त्र रूप से अल्पार्थक 'इया' प्रत्यय बना लिया, जो 'अपने' सभी शब्दों में लगाती है, (तत्सम शब्दों में नहीं)–अँगुलिया, टिकिया, बिंदिया, मछरिया, मुँदरिया,

अँखिया, बिटिया, बटिया, आदि। ऐसी अनन्त बातें हैं। यह तो निरुक्त की पहली पुस्तक है। इसमें व्यापक रूप से नियम और अपवाद सब कैसे दिये जा सकते हैं? दिशा-निर्देश मात्र है। जिस वर्ण का जैसे या जो परिवर्तन बतलाया है, वह दिङ्-निर्देश भर है। यह मतलब नहीं कि उस वर्ण का अन्यथा विकास होता ही नहीं है। शब्द का शतधा विकास हो जाता है। उदारणार्थ हम हिन्दी के—

23. संख्या-वाचक शब्द

यहाँ लेते हैं। देखिए, कैसा विचित्र विकास हुआ है! संख्या-वाचक शब्दों का बड़ा मनोरंजक विकास है—कुछ के कुछ बन गये हैं ये। वस्तुतः केवल संख्या-वाचक शब्दों का ही स्वच्छन्द विकास हुआ है। पढ़े-बेपढ़े सभी तरह के लोगों का काम संख्या-वाचक शब्दों से पड़ता है। फिर 1, 2, 3 आदि पृथक् संकेत जो (अंक-रूप में) स्थिर कर दिये गये, उससे और भी शब्द-परिवर्तन स्वच्छन्द हो गया! नौ संकेत समझ लिये और करोड़ों का हिसाब-किताब करने लगे। (42) लिख देने से सब समझ गये मतलब। अब कोई इसे 'बयालीस' कहता है कोई 'बतालीस' और कोई 'दुचालिस' भी कह सकता है। परन्तु '42' मतलब सब को एक देगा। पर इस संख्या को सब भिन्न-भिन्न रूपों में बोलेंगे। यदि ये अंक न होते, तो कदाचित् संख्या-वाचक शब्दों में यह समझ में आता है कि भाषा का विकास किस तरह अनियंत्रित चलता है, यदि उसे लिपि-बद्ध कर के साहित्यिक रूप न दिया जाय। साहित्यिक हिन्दी ने भी संख्या-वाचक उन्हीं शब्दों को ग्रहण कर लिया है, जो उस तरह जनता में स्वतः उस रूप में विकसित हुए।

'एक' से 'दस' तक तो कोई बड़ा परिवर्तन नहीं है। 'एक' तो 'एक' ही है; 'दो' से 'दस' तक साधारण परिवर्तन है। आगे विचित्रता है। 'ग्यारह' देखिए—'एक-दस' का क्या रूप है! आगे 'बारह'-'तेरह' आदि हैं। 'विशति' का 'बीस' समझ में आता है; पर 'ऊन बीस' का 'उन्नीस' देखिए। अब आगे 'ईस' चला—इक्कीस, बाईस आदि। अलग 'बीस' ही है। 'छब्बीस में 'ईस' नहीं हुआ। क्या कारण? 'छईस' या 'छोस' अच्छा न लगा होगा। 'त्रिशत्' का 'तीस' ठीक रहा। आगे 'तीस' का 'ईस' नहीं हुआ—'बीस' का जो वैसा बना दिया गया। भ्रम तो अभीष्ट नहीं। 'इकतीस' आदि अच्छे रहे।

फिर 'चत्वारिंशत्' का 'चालीस' जँचता है; किन्तु 'ऊनचालीस' का 'उनतालीस' कैसा रहा? 'चा' का 'ता'—'चालीस', 'तालीस'! 'यालीस' भी है—'बयालीस'। परन्तु पंजाबी 'बतालीस' ही बोलते हैं। 'पंचाशत्' का 'पचास' बना; परन्तु 'ऊन पचास' का 'उनचास' हो गया—'प' का लोप! आगे तो 'पचास' का आभास भी नहीं—'इक्यावन', 'बावन'! यह 'वन' कभी भी 'पचास' से नहीं बन सकता। 'पञ्चाशत्' का 'अन्' रह गया—शेष का लोप। 'च्' के हटते ही ञ् को न् और सस्वरता। 'अन' में, आरम में ही 'व्' का आगम—'वन'—'इक्यावन'। 'तिरपन' में 'प्' का आगम। आगे फिर 'वन'—'चौवन'। आगे फिर 'पन' दो बार, फिर दो बार 'वन' भी—'सतावन'—'अट्ठावन'। पष्ठि-साठ। 'अठ' में 'सात' का 'सर' हो गया; कहीं 'र' को 'ड़' भी 'सड़सठ'। 'अठ' का 'अड़' तो बहुत विचित्र नहीं। 'सप्तति' में 'स' को 'ह' नहीं हुआ; 'अठहत्तर' में होकर भी कहीं हट गया—'अठत्तर'। लोप प्रायः 'ह' का ही होता है; स का नहीं। 'अशोति' से 'अस्सी' बना। आगे 'अस्सी' रहकर ससन्धि रूप हैं—'इक्यासी' आदि। 'नवति' का 'नव-इ' शेष रहा जान पड़ता है, 'त्' उड़ गया। व को 'ब' हुआ और अ-इ मिलकर 'ए'। ब् को द्वित्व हुआ—'नब्बे'! कितना परिवर्तन! हद है! आगे नब्बे 'नबे' है! आगम (ऊपर से आया हुआ ब्) उड़ गया—इक्यानवे, बानवे आदि। 'सत्तनबे' में 'सात' का 'सत्ता' हो गया है, जो अचरज की बात नहीं। पत्ते खेलते समय आप 'सत्ता' देखते ही हैं। 'निन्यानबे' में 'नव' या 'नौ' को 'निन्या' हो गया है। यहाँ 'उनसौ' नहीं हुआ। 'शत' का 'सौ' कुछ अजब नहीं है। 'त' को 'य' और फिर 'इ' तो होता ही है, पर 'व' और 'उ' होते भी देखा गया है—'घृत'—'घिउ, कहीं-कहीं (पंजाब आदि में) 'घ्यौ' भी। 'गतः'-'गया' और पूरब में 'गवा' भी। सो, 'शत' का 'सउ' और 'अ-उ' मिलकर 'औ'—'सौ'।

आपने देखा, कितना विचित्र परिवर्तन है, संख्या-वाचक शब्दों में? इसी से भाषा के स्वच्छन्द विकास का अंदाजा लगाइए। फिर भी, कुछ व्यापक नियम निर्धारित किये ही जा सकते हैं। अपवाद तो नियमों के होते ही हैं और सब शब्दों को तो इन्द्र और पाणिनि भी नियमों में न बाँध सके! तब उन्हें 'वाहुलक' की शरण लेनी पड़ी; भाषा की अनन्तमुखी प्रवृत्ति स्वीकार करनी पड़ी।

अच्छा, यह संक्षेप में वर्ण-विकार की चर्चा हुई। अब आगे 'वर्ण-लोप' भी जल्दी-जल्दी में कुछ देख लीजिए और फिर 'अर्थ-विकास' पर एक दृष्टि डाली जाय। बस, इस पुस्तक का इतना ही काम है।

हाँ, संख्या-वाचक शब्दों के 'पूरणी' रूपो पर कुछ कहना जरूरी था। 'द्वि' और 'त्रि' के 'द्वितीय'-तृतीय' रूप हमारी समझ में आते हैं; पर 'एक' से 'प्रथमः' कैसे बन गया? हिन्दी से भी 'पहला' ऐसा ही है। अंग्रेजी में भी 'वन'-'टू' से 'फर्स्ट'-'सेकण्ड' विचित्र प्रयोग हैं। 'चतुर्थः' का हिन्दी में 'चौथा' ठीक है। अंग्रेजी में भी 'चतुर्थ' का ही 'थ' गया है क्या? यदि ऐसा है, तो अंग्रेजी ने इस 'थ' से ही आगे सब काम निकालकर बुद्धि मानी का परिचय दिया है—फोर्थ, फिफ्थ आदि। हिन्दी ने संस्कृत के 'मः' को 'वाँ' आदि बनाने का प्रयास किया है—पाँचवाँ, सातवाँ आदि। बीच में 'षष्ठः' आ गया, जिसका हिन्दी ने 'छठा' किया—'छठवाँ' नहीं। अनेक 'साहित्यिक' जन भी 'जार्ज षष्ठम' गलत लिख देते हैं। 'छठवाँ' भी गलत है। आगे तो हिन्दी ने भी सरलता कर दी है, सर्वत्र 'वाँ'। 'तमः' को 'तवाँ' बनाया—विशतितमः—'बीसवाँ'। सीधा-साफ मार्ग है, अन्धा भी मजे से चला जाय।

यह सब होते हुए भी हिन्दी के भरसक भ्रम तथा सन्देह की जगह नहीं दी है।

24. हिन्दी की प्रत्यय-कल्पना

में भी स्पष्टता की छाप विद्यमान है। ऊपर अल्पार्थक 'इया' प्रत्यय का उल्लेख हुआ है, जो पुल्लिङ्ग तद्भव संज्ञा को स्त्री-लिंग बनाने में काम आता है—लोटा से 'लुटिया' आदि। पुं-विभक्ति 'आ' (ा) में और इस स्त्री-प्रत्यय 'इया' में बहुत अन्तर है। फिर भी, खड़ी बोली के क्षेत्र ने इस 'इया' को वैसा नहीं अपनाया; क्योंकि यहाँ खड़ी पाई (ा) का पुर्ल्लिग में अत्यधिक प्रयोग है। कहीं किसी को भ्रम न हो जाय! इसीलिए 'इया'-प्रयत्ययान्त शब्द यहाँ कम चलते हैं; ब्रज तथा अवध में अधिक; जहाँ पुं-विभक्ति 'आ' का साम्राज्य नहीं है।

'आँख' से 'अँखिया' यहाँ भी चलता है, जो अल्पार्थक 'इया' से नहीं; कोमलता-व्यंजक 'इ़या' से है। आँखें दो हैं; अतः 'अँखियाँ' बहुवचन ही प्रयुक्त होता है। स्त्री-लिङ्ग शब्द से जब 'इया' होता है; तो प्रायः कोमलता के लिए; या 'स्वार्थे'। 'बहू' और 'बहुरिया' एक एक ही बात है। वही 'इया' प्रत्यय है—'बहू' से। 'र्' का आगम और 'ऊ' को ह्रस्व। 'र्' का आगम सन्देह मिटाने के लिए। अन्यथा 'बहू' से 'बहिया' बन जाने का डर था। 'बहिया' दुर्दाम नदी-पूर; जिसे अंग्रेजी में 'फ्लड' कहते हैं। व्युत्पत्ति तो उसकी भी हो जाती, जो सब को बहा ले जाय-'को जग जाहि न ब्यापी माया?' परन्तु शब्द-भ्रम तो होता ही। इसीलिए 'र्' का आगम करके 'बहुरिया' है। उकारान्त या ऊकारान्त शब्दों से 'इया' प्रत्यय बहुत कम देखने में आता है। इकारान्त या ईकारान्त स्त्री-लिङ्ग संज्ञाओं से बराबर 'इया' होता है, स्वार्थे या मृदुता में—मुँदरी-मुदरिया आदि। परन्तु 'तकिया' में यह 'इया' प्रत्यय नहीं है! वह 'इया' एक तरह का तद्धित प्रत्यय है, जो संज्ञा-शब्द से होता है। पर, 'तकिया' बना-बनाया ऐसा ही शब्द है। 'तक' कोई संज्ञा नहीं, जिससे यह बना हो। इसीलिए स्त्री-लिंङ्ग नहीं है। 'घटिया', 'बढ़िया' आदि विशेषण पुल्लिङ्ग-स्त्रीलिङ्ग नहीं है। 'घटिया', 'बढ़िया' आदि विशेषण पुल्लिङ्ग-स्त्रीलिंङ्ग में समान रूप से चलते हैं—बढ़िया घड़ी, बढ़िया कपड़ा और घटिया धोती, घटिया भोजन। 'इया' प्रत्यय यहाँ वह नहीं है, जो (स्त्रीलिंङ्ग) ऊपर कहा गया है। वह 'इया' संज्ञाओं से ही होता है, धातुओं से नहीं; संज्ञा बनाता है, विशेषण नहीं। 'घटिया' और 'बढ़िया' में कृदन्त प्रत्यय धातुओं से होता है। घटना-बढ़ना क्रियाएँ हैं। 'गढ़िया' और 'जड़िया' भी ऐसे ही (कृदन्त) शब्द हैं—'और कवि गढ़िया, और जड़िया'—गढ़ने का का करे, सो गढ़िया—साधारण सुनार, नन्ददास जड़िया'—गढ़ने का काम करे, सो गड़िया—साधारण सुनार; और, जो बढ़िया जड़ाऊ काम करे, जड़ने की कारीगरी करे, वह 'जड़िया'। 'गढ़ना-जड़ना' क्रियाएँ हैं। सो, ये कृदन्त शब्द पुर्ल्लिग-स्त्रीलिंङ्ग में समान हैं। उस 'इया' स्त्री-प्रत्यय का यहाँ कोई लगाव नहीं। भ्रम की गुंजाइश नहीं।

हाँ, 'पुरबिया', 'जयपुरिया' आदि में 'इया' अवश्य पद्धति प्रत्यय है, जो एक संज्ञा से दूसरी संज्ञा या विशेषण बनाता है। परन्तु उस स्त्री-प्रत्यय 'इय'

से 'इया' बिलकुल भिन्न है और इसलिए उभयथा प्रयोग में आता है 'पुरबिया स्त्री', 'पुरबिया आदमी'। इस 'इया' का विकास भिन्न मूल से है। संस्कृत के 'पूर्वीयः', 'जयपुरीयः' आदि से 'ई' निकाल कर हिन्दी ने एक प्रत्यय बना लिया; आगे के 'य' का लोप करके—'पूरबी', 'जयपुरी', 'कानपुरी', आदि। यह 'ई' तद्धित प्रत्यय है। संस्कृत 'ईय' का संक्षिप्त संस्करण। परन्तु हिन्दी के दूसरे क्षेत्र ने 'ईय' का 'इया' के रूप में विकास किया—पूर्वीयः—पुरबिया, जय-पुरीय-जयपुरिया। संस्कृत 'स्त्रीलिङ्ग' पूर्वीया, 'जयपुरीया' का 'ईया' हो हिन्दी में 'इया' होकर आया है। सो, 'कनपुरिया औरत' ठीक है। विशेष्यों के कारण सन्देह या भ्रम की गुंजाइश नहीं।

आप का इतना समय प्रत्ययों के झमेले में चला गया। परन्तु प्रासंगिक चर्चा थी। भाषा के विकास में प्रत्ययों का विकास भी एक महत्त्वपूर्ण चीज है, जिसकी ओर अभी तक ध्यान ही नहीं दिया गया है। जब हमने 'ब्रजभाषा-व्याकरण' में पहले-पहल यह मत प्रकट किया कि हिन्दी की 'ने' विभक्ति का विकास संस्कृत 'बालकेन' आदि में स्थित 'एन' अंश को लेकर और वर्ण-व्यत्यय से सिद्ध है; तो उसकी आलोचना अंग्रेजी-पत्र 'लीडर' में श्री 'डी. वर्मा' ने छपायी और हमारी उद्भावना को एक दकियानूसी विचार बतलाया; यद्यपि उस तरह खिल्ली उड़ाने का कोई आधार उनके पास न था। हमारे मत को उड़ाने में कोई युक्ति उन्होंने न दी थी; न यही बतलाया था कि तो फिर हिन्दी में यह 'ने' विभक्ति आयी कहाँ से! श्री 'डी. वर्मा' के उस लेख का मैंने समुचित उत्तर दिया, जिस पर वे चुप रहे। इस पुस्तक में—'हिन्दी-निरुक्ति' में—तो कई अन्य विभक्तियों के विकास पर भी प्रकाश डाला गया है। यह तो शब्द-विकास की एक साधारण चीज है। हिन्दी में संज्ञाओं तथा क्रियाओं की विभक्तियाँ कहाँ से किस तरह आयीं; यह सब भी भाषा-विज्ञान में ही बताना होगा और यह मुख्य चीज है। व्याकरण में इन विभक्तियों के प्रयोग पर विचार होता है; स्वरूप-विकास पर नहीं। विश्वास है, हिन्दी में अब इस ओर विद्वानों का ध्यान जायगा। सो, यह सब प्रत्यय-चर्चा अनावश्यक नहीं है; जरूरी चीज है।

पाँचवाँ अध्याय

25. वर्ण-लोप

अब हम 'वर्ण-लोप' पर विचार करेंगे। पिछले अध्यायों में आप ने शतश वर्णों (स्वरों तथा व्यंजनों) का लोप देख लिया है; फिर भी एक पृथक् अध्याय में विशेष रूप से कुछ कहने की जरूरत है। कुछ कहना शेष है। परन्तु संक्षेप का ध्यान रखा जायगा।

भाषा के विकास में स्वर तथा व्यंजन का लोप होता रहता है। 'अहै' के 'अ' का लोप होकर 'है' बन गया। 'अहै' की उत्पत्ति 'अस्' से है; स् को ह् करके। 'अहै' का सगा भाई 'अहि' है—'जान को आहि बसै केहि गामा'! 'आहि के 'आ' का लोप होकर 'हि' अंश एक क्रिया-विभक्ति के रूप में प्रयुक्त होने लगा, वर्तमान काल में ही—'राम करहि सब के सब काजा।' 'करहि'—करता है। 'ह्' का लोप—'करइ'। सन्धि हो कर 'राम करै सब जग का पालन।' इस प्रकार का लोप स्वतः जनता द्वारा होता है। यदि अज्ञानवश कोई किसी शब्द को काट दे, तो उसे 'विकास' न कह कर 'विनाश' कहा जायेगा! संस्कृत में 'अपि' उपसर्ग का 'अ' उड़ गया और 'पिधत्ते', 'पिधानम् आदि रूप चले। इसी अनुकरण पर कोई 'अनुसरणम्' को 'नुसरणम्' करना चाहे, तो मूर्ख बनेगा। हिन्दी के महालेखक भी 'अभिज्ञ' को 'भिज्ञ' लिखते देखे गये हैं। कविवर श्री भगवतीचरण वर्मा-जैसे लोग भी 'अभिज्ञ' को 'भिज' कर बैठे हैं, जिनकी पुस्तकें 'एम.ए.' तथा 'साहित्यरत्न' में चलती हैं; छात्रों को हिन्दी का आदर्श रूप देने के लिए। यह भयंकर गलती इसलिए हुई कि अभिज्ञ के 'अ' को इन विद्वानों ने निषेधार्थक समझा और 'अभिज्ञ' का अर्थ 'अवज्ञि' समझा! इन्होंने यह समझा

कि मूर्ख लोगों ने 'भिज्ञ' में 'अ' जोड़ लिया है, जैसे 'स्तुति' को 'अस्तुति' कर देते हैं! उसी 'गलती' को दुरुस्त करने के लिए 'भिज्ञ' चलाया जा रहा है! इसी तरह 'इस्तीफा' को लोग 'स्तीफा' लिखने लगे हैं; यह समझकर कि 'इ' तो उच्चारण-सुविधा के लिए लोगों ने चिपका ली है! यह नहीं समझे कि 'इस्तीफा' ही शुद्ध शब्द है; फारसी 'इस्तीफे' का तद्भव रूप। अब इस 'इस्तीफा' को और क्या शुद्ध किया जाय? अच्छे ताये हुए घी को, और अधिक शुद्ध करने के लिए जलाओगे, तो बदबू देने लगेगा, खराब हो जायगा। सो, इस तरह के 'भिज्ञ' लोग यदि भाषा-'संस्कार' का काम छोड़कर, अपना 'स्तीफा' दाखिल करके, कुछ और काम करें तो अधिक अच्छा हो।

सारांश यह कि 'शब्द' या पद के प्रारम्भ में स्वर-लोप का विषय सावधानी का है। जरा-सी भूल हो जाने से 'रग पर नश्तर' लग जाने का डर रहता है! इसलिए हिन्दी के 'डॉक्टर' यदि तेजी से हाथ न चलायेंगे और सावधानी से काम लेगें, तो अच्छा होगा।

आदि में स्वर का ही नहीं, व्यंजन का भी लोप होता है—स्नेह-नेह। परन्तु इसी अनुकरण पर यदि कोई 'स्तुति' को 'तुति' या 'स्तव' को 'तव' कहेगा, तो अपनी मूर्खता का परिचय देगा। हाँ, 'स्फूर्ति' का 'फुरती' और 'स्फुरण' का 'फुरना' नैसर्गिक है। 'हृषीकेश' का 'ऋषीकेश' आपके सामने है। 'ह्' उड़ गया। कभी-कभी आदि का वर्ण ज्यों का त्यों रहता है और उसके अनन्तर बैठा हुआ उड़ जाता है। 'स्वामी' से 'साई' बन गया। 'व्' तथा 'म्' का लोप और 'ई' सानुनासिक। 'म्' अपना प्रतिनिधि छोड़ गया है।

आद्य स्वर में ज्यों का त्यों रह कर अपने आगे के व्यंजन का बलिदान कभी-कभी कर देता है। 'उत्' उपसर्ग से हिन्दी का 'उ' उपसर्ग इसी तरह बना है—उठना, उचटना आदि। निस् या निर् उपसर्ग के अन्त्य व्यंजन का लोप करके हिन्दी 'नि' उपसर्ग की निष्पत्ति है—निकम्मा, निपटना, निगोड़ा (निर्गुण) आदि।

शब्द के अन्त में संयुक्त व्यंजन हो, तो पूर्व व्यंजन का लोप प्रायः देखा जाता है और तब आद्य स्वर दीर्घ हो जाता है—सप्त-सात, तप्त-तात, भक्त-भात, रिक्त-रीता आदि। 'रीता' एक लड़की का भी नाम है, जिसके 'पण्डित' पिता ने सुन्दर नाम 'ऋता' रखा था।—'ऋतं च सत्यं च' से 'ऋत' ले कर

स्त्रीलिङ्ग प्रयोग—'ऋता'। इस 'ऋता' को अंग्रेजी समाचार-पत्रों ने (RITA) छापा, जो ठीक ही था! इस (RITA) को हमारे हिन्दी सम्पादकाचार्यों ने 'रीता' कर दिया! 'रीता' हिन्दी में पुल्लिङ्ग विशेषण है—'रीता बर्तन'—खाली बर्तन! बेचारी लड़की को पुल्लिङ्ग बनाया और सब गुणों या अवगुणों से शून्य भी कर दिया! स्त्रीलिङ्ग होता है—'रीती'—'रीती वोरी हमें वापिस देना'। इसी तरह 'साम्ब शिवम्' को हिन्दी-पत्र 'सम्बा शिवम्' छाप रहे हैं। लड़की के लिए 'रीता' तथा उस बलिदानी पुरुष के लिए 'सम्बा' शब्द बहुत भद्दे हैं और अपने भाग्य पर रो रहे हैं!

अस्तु, 'रिक्त' आदि का 'रीता' आदि बन जाता है। इसी तरह—कर्म-काम, धर्म-धाम, चर्म-चाम आदि हैं।

जनता में ही भाषा-विकास होता है। सोना खान में स्वतः बनता है; हीरा भी अपने आप बनता है; परन्तु उसे साफ करना होता है; और शाणोल्लेख कर के सुडौल करना होता है। इसे 'संस्कार' कहते हैं। जब कोई जन-भाषा या 'बोली' साहित्यिक भाषा का रूप ग्रहण करती है, तब अगणित नागरिक जनता का कंठहार बनने से पूर्व सुवर्ण-राशि को तपना-कटना भी होगा। जो (मेरठ-परिसर की) बोली, आगे चल कर खड़ी बोली, उर्दू, हिन्दी, राष्ट्रभाषा आदि कहलायी, उसमें रोट्टी, धोत्ती, आदि कर्ण-कटु प्रयोग होते हैं। साहित्यिक भाषा ने एक-एक वर्ण का लोप करके रोटी, धोती आदि सुन्दर शब्द बना लिये। इसे हम 'विकास' न कहकर 'परिष्कार' या 'संस्कार' कहेंगे—विज्ञजनों ने, कुशल डाक्टरों ने, जैसे किसी 'छंगे' की छठी अँगुली हँसते-हँसते आसानी से उड़ा दी हो।

वर्ण-लोप के हजारों उदाहरण दे-दे कर पुस्तक के पृष्ठ बढ़ाये जायँ; यह अच्छा नहीं। काम की विशेष बात कहनी चाहिए और वही यहाँ भी है।

26. स् तथा ह् की चर्चा

किया क्या जाय, भाषा-विज्ञान में इन्हीं अक्षरों की करामात देखने में आती है। जाहू, जाउ, जाओ आदि में ह् का लोप आप देख ही चुके हैं। संबोधन 'हे' का ह् उड़ गया—'ए' रह गया—'ए लड़के'! यह 'ए' उर्दू में 'ऐ' हो गया—

'ऐ लड़के'! 'राम हो, राम!' इस दूर के संबोधन का 'हो' अपने 'ह्' को हटाकर 'आ' रह गया—'ओ राम'!

यही नहीं, जिन संयुक्त व्यंजनों में ह् घुल-मिल गया है, उन से भी अपने अल्प्राणों को दूर हटाकर आप चमकता रहता है। 'मुख'-'नख' का 'मुँह-नहँ' आप देख ही चुके हैं। कभी क, च, ट, त, प, या ग, ज, ड, द व को भी 'ह' होता देखा है? यहाँ ह् है ही नहीं। ख, ध आदि में वह है; सो स्पष्ट हो जाता है, अल्पप्राण का मिटा कर! 'क्रोध' से 'कोह' होता है, 'शोक' का 'सोह' नहीं। 'क्षोभ' का 'छोह' है, पर 'लोभ' का 'लोह' नहीं होता। 'लोह' पहले से ही 'लोहे' का तद्भव मौजूद है न! भ्रम न पैदा हो! 'शोभन' का 'सोहन' है; तब 'शोधन' का 'सोहन' कैसे बने? 'बधिर' का 'बहिर' फिर 'आ'-विभक्ति के साथ 'बहिरा' बना; बाद में 'इ' को 'अ' हुआ—'बहरा'। ह् प्रायः 'इ' को हटाकर 'अ' रखता है। 'एक-स्थानीय' मित्र है न! इसीलिए 'भगिनी' से 'बहिनी' बना; फिर 'बहन' हो गया। 'रुधिर' का 'रुहिर' 'पद्मावत' आदि में देख सकते हैं—'रुहिर भभूका'। 'शफरी' संस्कृत शब्द का 'सहरी' 'कवितावली' में है, जिस का अर्थ करने में लोग इधर-उधर के कुलाबे भिड़ाते हैं।

'मेघ' का 'मेह' बहुत प्रसिद्ध है, और 'सौभाग्य' का 'सुहाग', एक विशिष्ट अर्थ में। 'आभीर' का आद्य स्वर ह्रस्व भी हो गया—'अहीर'। परन्तु 'अधीर' का 'अहीर' नहीं हुआ; भ्रम बचाने के लिए। 'वधू' का 'बहू' ओर 'गभीर' का 'गहरा' है। ह् न 'इ' को हटाकर अपना गोत्रीय 'अ' बुला-बसा लिया है। 'भला' का 'हला' हो गया है—'हला शकुन्तला'! 'भला शकुन्तला, तू ने वह बेसमझी की क्यों?' 'दधि' के अन्त का स्वर दीर्घ भी हो गया है—'दही'। संस्कृत 'कथ्' धातु 'कह' बन गयी है।

'मध्य' का 'महँ' बना, जो आगे चलकर 'में' के रूप में हिन्दी की एक विभक्ति बना।

27. 'में' और 'पर'

इन विभक्तियों के प्रयोग-भेद पर ध्यान देने से भी स्पष्ट है कि 'मध्य' में 'महँ' और उस से 'में' है। भीतर के लिए 'में' आता है और ऊपर के लिए 'पर'।

'सन्दूक में पुस्तकें हैं', 'सन्दूक पर पुस्तकें हैं।' यह 'पर' विभक्ति 'ऊपर' के 'ऊ' को अलग कर के बनी है।

'मध्य' का एक विकास 'माँझ' के रूप में भी हुआ है, जो कविता में आता है।

'कहा' व्रज में 'क्या' के अर्थ में बोला जाता है, जिसका 'ह्' पूरब की ओर चलते-चलते घिसता जाता है। मैनपुरी तक कुछ मिलती भी है; पर आगे कोरा 'क' रह जाता है—'कहा करै निरबल मनुज?' 'का करै कोऊ उन ते लड़ि कै!'

आगे जैसे-जैसे पूरब में भाषा बढ़ती जाती है, 'ह्' के दर्शन कम होते जाते हैं। बङ्गाल में 'आमार' हो गया है हमारा 'हमार'। इसी तरह शतशः-सहस्त्रशः विकास हैं।

बङ्गाल में ह् जैसे उड़ता है; पंजाब में वैसे ही जमता है। एक मधुर भाषा की उसकी जरूरत है। वह 'और' को कभी 'होर' बना लेती है और 'इक' को 'हिक'; सो आप देख चुके हैं। पूरब-पच्छिम का अन्तर है!

ह् के लोप, आगत तथा प्रभाव से भाषा भरी हुई है। आवश्यकता इस बात की है कि विकास के एक-एक तत्त्व तथा कारण पर अलग-अलग विचार हो। इससे अनेक रहस्यों का उद्घाटन होगा! हमें विश्वास है, हिन्दी में वह समय अव आ रहा है।

लोप-प्रकरण में यह बात ध्यान देने की है कि जब किसी इकारान्त व्यंजन का लोप होता है, तो शेष 'इ' को विकल्प से 'य' हो जाता है—कोकिल-कोइल-(कोइलिया)-कोयल। 'कोऽपि'-कोई-कोई-कोय। जाहि-जाइ-जाय। होहि-होइ-होय।

कभी-कभी तो वर्ण-लोप इस तरह होता है कि कुछ पता ही नहीं चलता। ब्रज में 'सद लोनो' शब्द खूब प्रचलित है। सद लोनी—ताजा मक्खन। सद्यः निःसृत नवनीत—'सद्य' नवनीत'। फिर 'सद्य' का 'सद'—य् लोप होकर। 'नवनीत' का 'लोनी' बहुत विचित्र विकास है। कहीं-कहीं 'लैनूम' और 'नैनू' भी होता है। जन-प्रचलित 'नवनीत' का कैसा स्वच्छन्द विकास हुआ है!

छठा अध्याय

28. अर्थ-विकास तथा कुछ बातें

पिछले अध्यायों में शब्द-विकास की विशेष-विशेष प्रवृत्तियाँ हमने देखीं, और इस तरह अनन्त शब्द-सागर को कुछ जानकारी प्राप्त की। शब्द-विकास को जिन चार विभागों में हमारे महान् पुरुषों ने रखा था, वे अब तक ज्यों के त्यों स्थिर हैं और सदा ऐसे ही रहेंगे। निरुक्त का पाँचवाँ तत्त्व है—'अर्थ-विकास'। भाषा के विकास में अर्थ-विकास भी महत्वपूर्ण चीज है। कच्चे आम के रूप-रंग आदि में जो कुछ आप देखते हैं; पकाने पर वह सब प्रायः बदल जाता है। हरा रंग गुलाबी या सिन्दूरी आदि हो जाता है। कोमलता आ जाती है। कठोरता वैसी नहीं रहती। यह सब बाह्य परिवर्तन है। भीतरी परिवर्तन रस में होता है—खट्टे से बदलकर मीठा या खटमिट्टा हो जाता है। यह अन्तःपरिवर्तन है। कभी-कभी बाह्य परिवर्तन वैसा नहीं भी होता है, या बहुत कम होता है। इसी तरह भाशा के विकास में शब्द तथा अर्थ, दोनों का विकास हम देखते हैं। कभी-कभी शब्द-विकास मात्र होता है, अर्थ ज्यों का त्यों रहता है। आम ऊपर से रंग बदलकर सिन्दूरी हो गया, नरम भी हो गया; पर खट्टा पहले-जैसा हो! कभी-कभी शब्द में कोई परिवर्तन नहीं होता; पर अर्थ कुछ बदल जाता है। कोई-कोई आम पक जान पर भी रंग में हरे ही रहते हैं। स्वाद में महान् अन्तर। शब्द तथा अर्थ दोनों साथ-साथ परिवर्तन तो प्रायः देखते ही हैं। सो, अर्थ-विकास की ये सब धाराएँ आपके सामने हैं।

'अभियुक्त', 'सम्पादक' आदि शब्द संस्कृत से हिन्दी में ज्यों के त्यों आये है; परन्तु अर्थ में परिवर्तन-परिवर्द्धन है। 'स्तन' 'थन' बना; परन्तु अर्थ की

परिधि कम हो गयी। 'थन' का प्रयोग पशुओं के ही लिए होता है। प्रक्रिया में कहीं मानबी-परिधि में भी 'थन' आता है। स्त्रियों को 'थनेला' (रोग) बहुत कष्ट देता है। अर्थ की परिधि का कम हो जाना भी भाषा-विज्ञान में विकास ही है। कभी शब्द-विकास हो जाने पर भी अर्थ पूर्ववत् रहता है। 'पठ्' तथा 'पढ़' धातुओं के अर्थ में कोई अन्तर नहीं है। कभी क्वाचित्क अर्थ-विस्तार होता है, मुहाविरे आदि में। 'गृह' का 'घर' हो गया; शब्द-विकास होने पर भी अर्थ में कोई अन्तर नहीं। परन्तु 'प्लेग में बेचारे राम का घर बिगड़ गया' यहाँ 'घर' के बदले 'गृह' नहीं दे सकते हैं।

अर्थ-विस्तार की कोई सीमा नहीं है। इसे शब्द की तरह दो-चार वर्गों में बाँटना सम्भव नहीं है। इसीलिए पूर्वाचार्य्यों ने भी इस पर विस्तार से विचार करना आवश्यक नहीं समझा है। साधारणतः इतना समझ लेना पर्याप्त है कि अर्थ-विकास किस तरह होता है।

हिन्दी ने अर्थ-विस्तार कई दृष्टियों से किया है, जिनमें असन्दिग्धता-सम्पादन मुख्य है। संस्कृत में 'पच्' धातु का अर्थ पचना भी है और पकाना भी। मूलन अर्थ 'पकाना' है और इसीलिए यह सकर्मक है—'रामः ओदनम् पचति'—राम भात पकाता है। परन्तु इसी धातु का 'कर्म'कर्तृ' प्रयोग करके 'पचना' अर्थ भी लिया जाता है—'भोजनं प्रायो यामद्वयेन पच्यते निरुजस्य'—नीरोग आदमी का भोजन प्रायः छह घण्टे में पच जाता है। संस्कृत में 'पच्' का ही प्रयोग है; एक जगह 'कर्तरि' और अन्यत्र 'कर्म-कर्तरि'। परन्तु हिन्दी ने ऐसा झमेला नहीं रखा और अर्थानुरूप शब्द में कुछ परिवर्तन कर दिया। 'पच्' जो मूल अर्थ (कर्तृ वाच्य) में संस्कृत ने रखा है, उस अर्थ में हिन्दी ने उसे 'पका' कर के लिया है। 'च' को 'क' और अन्त में दीर्घ 'आ'। 'राम रोटी पकाता है'। पेट में जठराग्नि से जीर्यमाण होने को 'पचाना' कहते हैं। यहाँ 'पच' शब्द में कोई परिवर्तन नहीं हुआ। स्वरान्त होना हिन्दी के लिए साधारण बात है। हाँ क्रिया अब सकर्मक नहीं, अकर्मक है—'अन्न पचता है'।

इसी तरह शतशः शब्द-परिवर्तन हुए हैं; केवल स्पष्टता के लिए। अर्थ-विस्तार हुआ ही है—'पचना' और बात है, 'पकाना' और। 'पकाना' का 'कर्म-कर्तृ' 'पकाना' है—'दाल पक रही है'। इस तरह सब स्पष्ट है।

संस्कृत का 'उन्' उपसर्ग हिन्दी में 'उ' के रूप में विकसित हुआ है। 'उत्पद्यते' का 'उत्तपद्य' अंश लेकर हिन्दी ने 'उपज' बना लिया। 'क्षेत्रेऽन्नमुत्पद्यते'–खेत में अन्न उपजता है। परंतु हिन्दी में एक विशेषता आ गयी। चार प्राणियों की उत्पत्ति के लिए 'उपजना' न कहा जायगा। इस जगह हिन्दी ने 'जन्म' के विकसित रूप 'जनम' को नाम-धातु बना कर काम लिया है–'ते जनमे कलिका कराला; करतब वायस, वेस मराला।' कुछ लोग तत्सम 'जन्म' शब्द से 'जन्मे' और 'जन्मी' आदि गलत लिख देते हैं। इसी अर्थ में 'उत्पन्न होना' 'पैदा होना' आदि भी चलते हैं। परन्तु ऐसे प्रयोग चर-अचर सभी तरह की उत्पत्ति के लिए होते हैं–'मनुष्य पैदा होता है'–'नाज पैदा होता है' और 'इस वर्ष जितनी भी फलों की उत्पत्ति होगी, सब सरकार खरीद लेगी।' परन्तु 'अन्न को उत्पत्ति' की जगह 'अन्न' की उपज ही अधिक चुस्त है।

ऐसा क्यों है? क्यों 'अन्न को उपज' अच्छा लगता है और 'मनुष्यों की उपज' क्यों गलते है; इसमें कारण है। शब्द का विकास दो क्षेत्रों में होता है और वे क्षेत्र हैं: 1–जनता तथा 2–साहित्य।

29. जनता तथा साहित्य

जनता में जिन शब्दों का विकास होता है, वे सर्व-ग्राह्य हो जाते हैं। कुछ शब्दों का विकास साहित्य-मात्र में होता है। इन दानों विकासों में वहीं अन्तर है, जो डाल में पके तथा पाल में पकाये आमों का। परन्तु, यदि पकाने योग्य अवस्था आमों की न हो, या पकाने की विधि में गड़बड़ी हो जाय और आम पकने की जगह सड़ जाय या सूख जाय; नीरस या विरस हो जाय, तो इसे 'विकास' न कहकर 'विकार' कहेंगे। कर्ण का विकास जनता में 'कान' के रूप में हुआ और राजा 'कर्ण' का 'करन'। यह स्वाभाविक विकास है। साहित्य में 'श्रावण' का विकास 'स्रोत' हुआ–'स्रौननि कुंडल'। 'कान' तो साहित्य ने भी यथा-स्थान ग्रहण कर लिया; पर जनता ने 'स्रौन' नहीं अपनाया। फिर भी, साहित्य में, अवधी तथा ब्रजभाषा-साहित्य में, 'स्रौन' चलता है। यह 'स्रौन' पाल में पकाया हुआ आम है। सुन्दर है, ठीक है। परन्तु यदि कोई 'साहित्यकार' संस्कृत के 'श्रुति' शब्द को 'स्रुति' या 'सुरुति' कर के लिखे,

तो यह 'विकार' या गली-सड़ी चीज होगी। यह क्यो? इस लिए कि 'स्रुति का प्रयोग 'परिस्राव' के अर्थ में भी है—तत्सम 'सुरुति' भी भ्राकम है। 'शर्मा-वर्मा' को भी 'सरमा'-'वरमा' न होगा।

जन-विकसित शब्दों में जो भी भ्रम-सन्देह की गुंजाइश नहीं है। 'वंश' का विकास 'बाँस' हुआ, एक ही अर्थ में। 'कुल के अर्थ में यह विकास नहीं हुआ। उस अर्थ में 'बंस' हुआ। परन्तं 'बंसी' फिर कैसे? वह तो 'बाँस' की होती है न? हिन्दी ने 'बाँस' से 'बाँसी' बनाया है। मछली पकड़ने के लिए एक लम्बे-पीतल बाँस में डोरा-चारा बाँध कर काम में लाते हैं। इसी का नाम 'बाँसी' है। इसलिए 'मुरली' के अर्थ में 'बाँसी' का प्रयोग नहीं हुआ—'बंसी'! जरूर चला। परन्तु यह 'बंसी' तद्भव 'बाँस' से निष्पन्न नहीं है। संस्कृत ('वंश से निष्पन्न') 'वशी' शब्द का ही यह तद्भव रूपी 'बंसी' है। बनी-बनायी चीज ले ली है। ब्रज-भाषा-साहित्य में श्लिष्ट-रूपकक आदि देने के लिए 'बाँसी' को भी कवियों ने 'बंसी' कर लिया है; यह अलग बात है और उस कारीगरी के लिए क्षम्य भी हैं—'मोहन की बंसी ने मेरो मन-मीन बेध्यो।'

इसी तरह 'पृष्ठ' का विकास 'पीठ' जनता में हुआ—'पीठ का फोड़ा'। परन्तु 'पुस्तक के बारहवें (या बारहवीं) पीठ पर वह लिखा ये' ऐसा नहीं कहे सकते। यहाँ 'पृष्ठ' ही रहेगा। कारण, जनता ने अपने व्यवहार के लिए अंग-विशेष के अर्थ में 'पृष्ठ' का 'पीठ' बनाया है, उसी में चलेगा। पढ़े-लिखे लोग तो अपनी पुस्तकों के 'पृष्ठ' ज्यों के त्यों पढ़ते-बोलते रहे। यहाँ 'पीठ' नहीं बोला गया। इसीलिए इस अर्थ वैसा विकास गृहीत नहीं है।

जनता ने 'पत्र' को 'पत्ता' बना लिया। परन्तु पढ़े-लिखे लोग आपस में 'पत्र'-व्यवहार ही करते रहे। इसीलिए 'पेड़ के पत्ते गिरते है', पर डाकिया अपने झोले में 'पत्ते' नहीं, 'पत्र' भरे रहता है। 'पत्र' लिखने वाले उसका वही उच्चारण कर सकते थे, करते रहे। इसीलिए उस अर्थ में उस शब्द का वैसा विकास न हुआ। इसीलिए हिन्दी असन्दिग्धता या स्पष्टता रही। 'पत्ता' का स्त्रीलिंग 'पत्ती' हुआ। छोटा पत्ता—'पत्ती'। परन्तु संस्कृत में वृक्ष के छोटे पत्ते को 'पत्री' नहीं कहते हैं। यानी 'पत्री' का विकास 'पत्ती' नहीं है। 'पत्र' से 'पत्ता' और फिर इसका स्त्री-लिंग रूप 'पत्ती'। संस्कृत में 'पत्ती' नहीं है।

संस्कृत में 'पत्री' या 'पत्रिका' कहते हैं 'चिट्ठी' को। हिन्दी में 'चिट्ठी' के साथ 'पत्री' भी चलने लगा—'चिट्ठी-पत्री'। जैसे 'बाग-बगीचा' आदि चलते हैं। फिर 'चिट्ठी' का 'चीठी' हो गया और इन 'पत्री' का 'पाती' विकास हुआ—'प्रेम की पाती। सो, 'पत्री' का अलग विकास है, 'पाती' का अलग। दोनों भिन्न चीजें हैं। इस 'पाती' का 'पात' का स्त्री-लिंग रूप न समझ लीजिएगा। जनता के सामने 'भैंस रहती है, 'रानी' नहीं। फलतः 'महिषी' का 'भैंस' बना, एक जानवर के अर्थ में। 'राज-महिषी संयोगिता को 'राजा की भैंस संयोगिता न कहेंगे।

जनता का काम कपड़ा सोने के लोहे की जिस चीज़ से पड़ता है, उसे उससे मतलब। 'सूची' का 'सुई' विकास हुआ। परन्तु पढ़े-लिखे लोग 'विषय-सूची' को ज्यों का त्यों पढ़ते-बोलते रहे। इसलिए 'पुस्तक की सुई देखने से' ठीक न रहेगा। उस अर्थ में 'सूची' का विकास हुआ ही नहीं है। तत्सम प्रयोग ही चलता है—'सूची'।

सन्दिग्धता हिन्दी रखती नहीं। 'घड़ा' का छोटा रूप 'घड़ी' न होगा, यद्यपि 'पत्ता' का 'पत्ती' होता है। 'घट' से 'घड़ा' है। छोटा घड़ा 'घड़िया' तो होता भी है। 'घड़ी इसलिए नहीं कि संस्कृत का, (समय-सूचक) 'घटी-यंत्र' का, 'घटी हिन्दी में 'घड़ी' हो गया, जैसे 'वट' का 'बड़'। जब एक शब्द इस अर्थ में चल पड़ा, तब किसी दूसरे अर्थ में उसी प्रकार का शब्द हिन्दी ने नहीं ग्रहण किया। मैं समझता हूँ कि हिन्दी को विकास-प्रवृत्ति समझने के लिए ये उदाहरण पर्य्याप्त हैं।

30. संक्षेप का ध्यान

हिन्दी ने शब्द-विकास में या शब्द-ग्रहण के संक्षेप का ध्यान बहुत रखा है और शालीनता भी रखी है। 'रसाल' शब्द जनप्रचलित नहीं हुआ और 'आम्र' को 'आम' बनाकर आम बोल-चाल में स्वीकृत किया। संस्कृत में आम का पर्याय एक और शब्द है, छोट-सा। 'आम' लेने में हिन्दी को 'र' घिसना पड़ा; पर उस शब्द को लेती, तो यह झंझट भी न करनी पड़ती। परन्तु हिन्दी ने उस शब्द को ग्रहण इसलिए नहीं किया, क्योंकि गँवारू बोली में उसी रूप का शब्द स्त्री के गोग्य अंग-विशेष के लिए बोला जाता है। हिन्दी ने अपने क्षेत्र में अश्लीलता नहीं आने दी है।

कभी-कभी एक शब्द को तोड़कर दो पृथक्-पृथक् शब्द बना लिये गये हैं—एक ही अर्थ में। संस्कृत के 'बलीवद' शब्द को तोड़कर 'बैल' तथा 'वरधा' बने। 'बैल' साहित्य ने भी ग्रहण कर लिया है। संस्कृत 'गोथम' का विकास फारसी में गन्दुम' हुआ। हिन्दी को 'गन्दुम' का 'गन्द' अच्छा न लगा। विस्तार भी पसन्द न आया। इसने 'गोधूम' के 'द्' का लोप कर दिया और 'म' को अनुनासिक-रूप से ग्रहण किया—'गोहूँ' फिर 'गेहूँ' बन गया। कितना संक्षेप! आपको यह देखकर आश्चर्य हुआ होगा कि पुं-विभक्ति के क्षेत्र में तो 'बैल' चलता है और जहाँ उस (पुं-विभक्ति) का साम्राज्य नहीं, वहां 'बरधा' चलता है। परन्तु यह व्यवस्थित चीज़ है। संस्कृत 'बलीवर्दः' में विसर्गों का प्रयोग तो अन्त में ही है न? विसर्गों का ही विकास 'आ' विभक्ति है। सो 'वर्द' का अंश 'बरधा' है; 'अ' हटाकर 'बरध' भी। 'वली' अंश तो विसर्ग-शून्य है और इसीलिए 'बैल' हुआ, 'बला' नहीं।

जैसे 'बलीवर्द' से दो शब्द बन गये; उसी तरह कभी-कभी दो (अपने ही) शब्दों से भी हिन्दी एक शब्द बनाती है। हिन्दी का 'लगभग' अव्यय बहुत प्रसिद्ध है। 'लगना' क्रिया है। 'भागना' या 'भगना' भी किया है। 'लगना' के साथ 'भगना' जमता है, 'भागना' नहीं। 'लग कर'—चिमट कर, एक होकर। 'भाग कर' या 'भग कर'—दूर हटकर। 'लगने' और 'भागने' के बीच में है—'समीप रहना'। बहुत समीप। 'लगभग एक हजार आदमी उस मुशायरे में थे'—अर्थात् एक हजार के समीप, कुछ इधर या उधर। 'एक हजार' संख्या 'आदमी' से बिलकुल लगी हुई नहीं है—निश्चित रूप से एक हजार नहीं। परन्तु 'भागी हुई' भी नहीं है। यों 'करीब-करीब' है।

'लग कर' काम करो—जुट कर। यह 'जुट' 'जुड़' का विकास; विशेष अर्थ में। 'जुड़कर' से वह अर्थ नहीं निकलता। 'जोड़' योग। 'योग' का संस्कृत में अर्थ 'युक्ति' भी—'योगः कर्मसु कौशलतम्' काम करने के कौशल को 'योग' या 'युक्ति' कहते हैं। योग-तदाकार हो जाना, लौलीन हो जाना, जुड़ जाना। 'लगन के साथ' में यही है। इसे 'लग्न के साथ' लिखना गलत है। 'लग्न-मुहूर्त' अलग है।

बनी-बनायी 'दाल' को संस्कृत में 'सूप' कहते हैं। कैसा सुन्दर गोल-मटोल शब्द है; हिन्दी के योग्य। परन्तु जनभाषा ने इसे ग्रहण नहीं किया।

लोग 'दाल' से रोटी खाते हैं, 'सूप' कैसे चलता? 'द्विदल' को दल कर 'द्वि' का छिलका अलग कर दिया और फिर 'दल' को 'दाल' इसलिए किया गया; क्योंकि एक अन्य ऐसा ही शब्द अन्यार्थ में प्रसिद्ध था—'दोनों दलों में जमकर युद्ध हुआ।'

'धूम्र' का विकास 'धुआँ' हुआ—यद्यपि 'धूम' हो सकता था। परन्तु हिन्दी में 'चहल-पहल' के लिए 'धूम' प्रसिद्ध था—'बड़ी धूम रही।'

कभी-कभी अनुनासिक-प्रयोग से भी हिन्दी ने सन्दिग्धता दूर की है। 'पृच्छ' का 'पूछ' हुआ—'पूछ-ताछ'। तब 'पुच्छ' का विकास 'पूँछ' के रूप में हुआ। अनुनासिक का आगम केवल स्पष्टता के लिए; अन्यथा, 'पुच्छ' का विकास भी 'पुछ' ही होता।

संस्कृत का 'अम्बा' हिन्दी में 'अम्मा' हुआ, मुसलमानों में 'अम्मी' हो गया। 'अम्' का लोप कर के 'मा' रहा, जिसे साहित्य ने भी ग्रहण कर लिया। 'माता' से 'मा' नहीं है—'माता-पिता' ही चलते हैं। मातृ-वाचक 'मा' फिर संस्कृत में भी कहीं चला गया है—'मारमा-सुषमाचारु'। वैसे 'मा' शब्द संस्कृत में लक्ष्मी-वाचक है। माता के अर्थ में 'मा' हिन्दी से ही गया है। मायापुर में नहर गंगा जी से निकली और फिर कानपुर में उसी से आ मिली, अत्यन्त घिसे-घिसाये रूप में। ऐसा बहुत ही कम देखने में आया है कि अन्यत्र विकास-प्राप्त वैसे शब्द पुनः संस्कृत में जा मिलें। 'मा' का भी संस्कृत (माता के अर्थ में) क्वाचित्क ही प्रयोग है; पर है। बंगाल में स्त्री-सम्मानार्थ प्रचलित 'मा' शब्द संस्कृत का तद्भव नहीं, अपितु 'लक्ष्मी'-पर्याय (तत्सम) 'मा' है। इसीलिए वहाँ 'बहू मा' प्रयोग होता है—'बहू-लक्ष्मी' या 'लक्ष्मी-रूप बहू।' इस तरह अर्थ-भेद से शब्द-भेद सर्वत्र समझना चाहिए।

कभी-कभी स्त्री-पुंभेद कर के भी सदिग्धता का परिहार किया गया है। संस्कृत 'तुष' का हिन्दी में विकास किंचित् भिन्न अर्थ में हो कर 'भुस' न गया। शब्द-प्रवृत्ति का कारण असारता। सार (अन्न, चावल) निकाल लेने पर ऊपर का जो छिलका बच जाता है, उसे संस्कृत में 'तुष' कहते हैं। यह असारता (मानव के लिए अभोज्यरूपता) समान धर्म लेकर जौ-गेहूं आदि के माँड़े हुए चारे की ओर भी इसी शब्द की प्रवृत्ति हुई; पर शब्द भेद हो गया—'भुसा।'

'त' का 'भ' हो जाना कोई बड़ी बात नहीं, जबकि 'द' को 'झ' (दोला-झूला) और 'क' तक (दा, दे, दी—का, के, की) हो जाता है। जब एक नये अर्थ में 'तुष' का 'भुस' रूप चल पड़ा, तो 'तुष' के मूल अर्थ का द्योतन कैसे हो? इसके लिए 'भुस' का स्त्रीलिंग रूप 'भूसी' बनाया गया। 'भूसो'—तुष, चोकर। इस तरह अभयत्र शब्द-भेद से अर्थ-स्पष्टता हिन्दी ने रखी। पुंविभक्ति लगाकर भी शब्द-भेद है—लेख-लेखा।

31. विकास का कारण असमर्थता नहीं

हिन्दी में शब्द-विकास का कारण संक्षेप, सौकर्य्य तथा सौष्ठव की ओर प्रवृत्ति ही है, उच्चारण-अशक्ति नहीं। हिन्दी में, 'स' का सही उच्चारण न हो पाता हो, ऐसा नहीं है। यहाँ तो 'स' इतना चलता है कि संस्कृत शब्दों कके 'श' तथा 'ष' को भी 'स' प्रायः बन जाना पड़ता है! फिर भी 'स' का कहीं-कहीं 'छ' हाते देखा गया है। पञ्चाधिक और षट्-न्यून संख्या के लिए संस्कृत में 'पष' शब्द है, जो 'पट्' आदि रूपों में चलता है। हिन्दी ने इस शब्द को स्वरान्त करके ग्रहण किया—'षष'। फिर हो गया—'सस'। 'दश' का जैसे 'दस' और 'शिर' का 'सिर'। 'सस' मजे से चल सकता था। फारसी में यही 'शश' गया है—'शशमाही'—छपाही—। फारसी में एक जानवर को 'खरगोश' कहते हैं, जिसे संस्कृत में 'शश' या 'शशक'। इसलिए वहाँ इस संख्या-वाचक 'शश' का चलन ठीक है। परन्तु हिन्दी में उस प्राणी को 'सस' और 'ससा' भी कहते हैं। 'शश' का रूप 'सस' और पुं-विभक्ति लगाकर 'ससा'—'ससा की वारी'। ऐसी दशा में संख्या-वाचक 'सस' ठीक न था। एक खेल का 'शह' यहाँ 'सह' बन चुका था, बोल-चाल में था। 'हस' तो बहुत भद्दा रहता है। हिन्दी प्रारम्भ में 'स' को 'ह' पसन्द ही नहीं करती। 'सत्तर' का 'हत्तर' नहीं होता; हाँ 'बहत्तर' 'तिहत्तर' हो जाता है। सो, हम भी न हो सका। तक क्या हो? 'स' को बच्चे 'छ' बोल देते हैं। स्वाभाविक प्रवृत्ति है इसी प्रवृत्ति को ले कर 'स' के प्रथम 'स' को 'छ' कर दिया और तब द्वितीय 'स' 'ह' बन गया—'छह'। अर्थात् 'स' को 'छ' इसलिए न समझिए कि हिन्दी-भाषी 'स' बोल नहीं सकते; प्रत्युत इसलिए कि असन्दिग्धता लाने के लिए वह जरूरी था।

कभी-कभी अपनी पुं-विभक्ति का प्रयोग कर के भी हिन्दी ने अर्थान्तर में काम चलाया है। 'रस' शब्द का व्यवहार हिन्दी में भी उसी अर्थ में होता है, जिस अर्थ में संस्कृत में। परन्तु 'आ' विभक्ति लगाकर ('रसा' बनाकर) अर्थान्तर में इसका प्रयोग होता है। 'आलू हमें पचाते नहीं, रस से ही रोटी खा लेंगे।' यों संस्कृत का 'यूष' शब्द जहाँ व्यवहृत होता है, वहाँ हिन्दी 'रस' चलाती है। 'रसा' भी एक तरह का रस ही है; पर बहुत अन्तर है 'रस' और 'रसा' में। 'यूष' का 'जूस' बना कर हिन्दी ने काम लेना ठीक न समझा। 'रस' तथा 'रसा' में जो शब्द-साम्य है, वह 'रस' और 'जूस' में कहाँ है?

'भाण्ड' (बर्तन) का 'भाँड़' हिन्दी ने नहीं बनाया; क्योंकि नक्काल लोगों के लिए 'भाँड़' चल रहा था। हाँ, 'भाँडा' या 'भाँड़' का प्रयोग जरूर होता है; पर 'बर्तन' के साथ और प्रायः बहुवचन में ही–'बर्तन-भाँड़े। कहीं स्वतंत्र रीति से भी–'कपट-कलेवर कलिमल भाँड़े, चलत कुपन्थ वेद–मग छाँड़े।' 'भणिडका' का 'हँड़िया' बना और 'भँड़िया'। भी आद्य व्यंजन का स्वर ह्रस्व हो गया; 'भ' के 'ब्' का वैकल्पिक लोप। 'इका' का 'इआ' और 'इय्' आदेश। 'ण्' अनुस्वार बन गया। परन्तु 'भांडा' या 'भाँड़ा' में 'ब्' का लोप नहीं होता। 'हाँड़ा' अच्छा नहीं लगता। 'हाड़' का ख्याल आता है। 'हंडा' जरूर चलता है।

सारांश यह कि हिन्दी ने शब्द-विकास की धारा में सदा स्पष्टता, असन्दिग्धता, सरलता, मधुरता तथा संक्षेप-प्रियता को पसन्द किया है। आश्यर्च है, साधारण जनता में विकसित भाषा का प्रवाह करता वैज्ञानिक तथा सुव्यवस्थित है।

32. अनेकधा विकास

हिन्दी ने किसी-किसी शब्द का प्रत्यर्थ अनेकधा विकास किया है। संस्कृत का 'वत्स' शब्द हिन्दी ने मूल अर्थ में 'बच्छ' करके लिया। पुं-विभक्ति लगकर 'बच्छा' और 'र्' का आगम करके तथा 'च्' को हटाकर 'बछरा' हुआ। 'र्' का आगम 'ड्' कर के 'बछड़ा' भी।

वेदों में 'गौ' के बाद जिस प्राणी को सर्वाधिक महत्त्व दिया गया है, वह है घोड़ा। घोड़े के बच्चे को 'बछेड़ा' कहते हैं। यह उसी (वत्स) शब्द का

दूसरा विकास है। शेष सबके लिए 'बच्चा' बना। 'वत्स' का ही 'बच्चा' भी, पुं-विभक्ति लगाकर। वर्ण-विकार स्पष्ट है। सो, एक 'वत्स' से बछड़ा, बछेड़ा और बच्चा ये तीन रूप अर्थ-भेद से हिन्दी ने कर लिये। भैंस के बच्चे में भी कुछ विशेषता देखकर उसे 'पड़ा' कहा! वह जब देखो तब पड़ा ही रहता है—सुस्त! बछड़े या बछड़े की तरह चुस्त तो क्या होगा; किसी के भी बच्चे से अधिक सुस्त! इसीलिए उसे 'पड़ा' नाम मिला। स्त्रीलिंग—'पड़ी' या 'पड़िया'। इसी तरह 'स्थान' शब्द अर्थ-भेद से—थान, थाना, ठिकाना, ठीहा, अस्टान आदि रूपों में विकसित हुआ है।

'पक्ष' से 'पंख' और 'पाख' अर्थ-भेद से। 'शुद्ध' का 'सूध', 'सूधा', 'सीधा', 'सुधरा' तथा 'सुथरा' आदि के रूप में विकास आप पहले ही देख चुके हैं। इसी तरह शतशः शब्द-भेद आप को मिलेंगे। आवश्यकतानुसार प्रति-अर्थ शब्द-भेद करके हिन्दी ने अपनी नैसर्गिक वैज्ञानिक पद्धति का परिचय दिया है।

33. ढर्रे पर गढ़े शब्द

कुछ शब्द ऐसे भी हिन्दी में हैं, जो किसी दूसरे शब्द के ढर्रे या वजन पर गढ़े गये हैं। इसे हम 'विकास' न कहकर नवनिर्माण कहेंगे। 'मिष्ट' का 'मीठ' और पुं-विभक्ति लगाकर 'मीठा' बना लिया, तब 'फीके' के अर्थ में 'सीठ' या 'सीठा' भी चला। 'मीठा' के साथ 'सीठा' जितना जमता है, उतना 'फीका' नहीं। हाँ, अकेले 'फीका' आये, तब वैसा फीका नहीं लगता—'सरस होय अथवा अति फीका'। 'सरस' से बहुत दूर जाकर 'फीका' है; इसलिए, बेमेल होने पर भी उतना अखरता नहीं। समीप तो 'सरस-नीरस' ही जँचेगा। खैर, मतलब यह कि ढर्रे पर भी नव-निर्माण हिन्दी ने किया है।

इसी तरह शब्द निर्माण अन्यथा भी होता है। 'मा' के ही समान—'मा-सी'। 'मासी' का पुर्ल्लिग 'मासा' कुछ जँचा नहीं। वह तो 'पिता सा' है न! दूसरे, एक निश्चित तोल को भी 'माशा' तथा 'मासा' कहते हैं। इसलिए 'मासो' का पुर्ल्लिग 'मौसा' कर दिया गया। तब 'मौसा' का स्त्रीलिंग 'मौसी चला। 'मासी' की नकल पर 'मामी', 'चाची', 'भाभी', 'दादी' आदि समझिए। 'ताती' तो गरम समझी जाती; इसलिए 'ताई' हो गया और पुर्ल्लिग 'ताऊ'। 'बाब' भी चला;

पर उनका स्त्रीलिंग 'बाबी' न चला। 'दादी' बोलते हैं। 'दीदी' पृथक् है। इस तरह 'मा' के बाद ये सब हैं।

'भीड़' प्रसिद्ध शब्द है, जिसका उलटा 'छीड़' मेरठ-परिसर में प्रसिद्ध है। 'गाड़ी में आज भीड़ न थी' यह एक बात है और 'गाड़ी में आज बहुत छीड़ है' यह दूसरी बात। 'भीड़ नहीं है' कहने से यहाँ अर्थ निकलता है कि खिच-पिच नहीं है। परन्तु 'छीड़ है' कहने से समझा जाता कि बहुत दूर-दूर लोग बैठे हैं। 'छीड़' शब्द 'भीड़' के वजन पर ही गढ़ा जान पड़ता है; पर जब तक ठीक पता न लग जाय कि 'भीड़' शब्द कहाँ से आया और पहले बना कि नहीं तब तक स्पष्टतः कुछ नहीं कहा जा सकता। सम्भव है—'भीड़' तथा 'छीड़' ये दोनों ही शब्द स्वतंत्र हों; कोई भी किसी के वजन पर गढ़ा हुआ न हो।

अनेक बार लोग गलत निरुक्ति करके शब्द-प्रयोग में गलती करने लगते हैं। हिन्दी का 'फुटकर' प्रसिद्ध शब्द है, जिसे कुछ लोग 'फुटकल' कर के भी लिखते हैं। यहाँ तो खैर थी; पर इसके आगे 'स्फुट' पर बात पहुँची। 'फुटकर' ठीक है या 'फुटकल' इस विचारणा में पड़कर जब गोते खाने लगे, तो 'स्फुट' को पकड़ा। 'फुटकर' के अर्थ में 'स्फुट' लिखने लगे! 'स्फुट' का अर्थ है विशद' या 'स्पष्ट'। 'स्फुटमग्रे व्याख्यास्ते'—आगे स्पष्ट व्याख्या की जायेगी। परन्तु 'स्फूट' का 'फुट' देखकर लोगों ने समझा कि इसी से 'फुटकर' बना है! बस, लिख चले अखबारों में—'स्फुट प्रसंग'। आचार्य द्विवेदी ने मुझे एक पत्र में लिखा था—"आप ने अनेक गलत शब्द-प्रयोगों की ओर जाते हुए प्रवाह को बदला है; पर 'स्फुट' को क्यों भूल गये? इसे लोग 'फुटकर' के अर्थ में लिखते हैं।"

यह एक उदाहरण है। शब्-साम्य मात्र से निरुक्ति का महल खड़ा नहीं होता। अर्थ का चूना या सीमेंट चाहिए।

34. अनेकधा निरुक्ति

बहुत पुराने शब्दों का विकास कभी-कभी दुरनुन्धान हो जाता है। निश्चित रूप से तब उन शब्दों की निरुक्ति नहीं बतलायी जा सकती और यह नहीं कहा जा सकता कि इसी शब्द से यह शब्द बना है। एक व्यक्ति उस शब्द से।

विचार चलने पर निश्चय होते-होते हो जाता है। यही नहीं, एक ही विचारक किसी शब्द की अनेकधा व्युत्पत्ति बतलाता है। इसका मतलब यह कि वह निश्चित रूप से नहीं कह सकता कि ठीक बात क्या है। अर्थ का अनुधावन करके अनेक जगह ठहरता है। खट्टा साग खाकर यदि न जान सके कि अमूचर पड़ा है, या अनारदाने; तो कह देंगे कि इसमें या तो अमचूर है, या अनारदाने। महर्षि यास्क ने अपने निरुक्त में इसी तरह शतशः शब्दों की निरुक्ति अनेकधा की है। 'निघण्टु' शब्द 'गन्तु' (गम्) का विकास बतलाया है, तो साथ ही 'हर्तु' (हृ) से निष्पन्न होने की सम्भावना भी प्रकट कर दी है। इसका मतलब यह कि 'ग' तथा 'ह' को 'घ' के रूप में आना यास्क कहते हैं। उस समय शब्द-प्रवाह में यह चीज होगी। तभी तो वैसी निरुक्ति की गयी है। यही बात सभी प्राचीन भाषाओं के सम्बन्ध में है, जो अपनी पूर्ववर्तिनी भाषा से परम्परया शब्द लेती चली आ रही हैं। हिन्दी में अभी निरुक्त पर कोई ग्रन्थ निकला ही नहीं है। यह छोटी-सी पुस्तक तो इधर ध्यान आकर्षित करने के लिए लिखी गयी है। 'ग्रन्थ' आगे चलकर बनेंगे। हिन्दी में संज्ञा-विशेषण आदि का विकास ही विचारणीय नहीं है, क्रियावाचक शब्दों पर भी ध्यान देना चाहिए। क्रिया ही तो भाषा में मुख्य चीज है। सबसे महत्वपूर्ण विचारणीय विषय है प्रत्यय-विभक्तियाँ आदि। किस प्रत्यय और किस विभक्ति का विकास कहाँ से किस तरह हुआ; यह निरुक्त का प्रधान विषय है। महर्षि यास्क ने प्रत्यय-विकास पर ध्यान नहीं दिया है; इसका कारण यह है कि उस समय तक प्रत्ययों में कोई वैसा रूपान्तर हुआ ही न था। सम्भव है, उन्होंने जान-बूझकर उधर ध्यान न दिया और यत्किञ्चित् प्रत्यय-भेद होने पर भी उस पर विचार न किया हो। परन्तु इससे यह निष्कर्ष तो नहीं निकलता कि प्रत्यय-विकास निरुक्त का विषय नहीं। भाषा-विकास निरुक्त का विषय है, जिसमें प्रकृति-प्रत्यय सभी कुछ है।

जब हिन्दी में निरुक्त पर गम्भीर ग्रन्थ-रचना होगी, तो भाषा सम्बन्धी अनेक रहस्य खुलेंगे; इसमें सन्देह नहीं।

❑❑